Iris Rhodes-Risters

Kindschaftskonflikte in Trennungs- und Scheidungsfamilien

Die Familienmediation als Verfahren zur Streitbeilegung

Bibliografische Information der Deutschen Nationalbibliothek:

Die Deutsche Nationalbibliothek verzeichnet diese Publikation in der Deutschen Nationalbibliografie; detaillierte bibliografische Daten sind im Internet über http://dnb.d-nb.de abrufbar.

Impressum:

Copyright © ScienceFactory 2019

Ein Imprint der Open Publishing GmbH, München

Druck und Bindung: Books on Demand GmbH, Norderstedt, Germany

Coverbild: Open Publishing GmbH

Inhaltsverzeichnis

Abkürzungsverzeichnis

Abs.	Absatz
Art.	Artikel
BGB	Bürgerliches Gesetzbuch
BMJV	Bundesministerium der Justiz und für Verbraucher-schutz
bzw.	beziehungsweise
ca.	Zirka
D. h.	das heißt
etc.	et cetera
FamFG	Gesetz über das Verfahren in Familiensachen und in den Angelegenheiten der freiwilligen Gerichtsbarkeit
FGG-RG	Gesetz zur Reform des Verfahrens in Familien-sachen und in den Angelegenheiten der freiwilligen Gerichtsbarkeit
GewSchG	Gesetz zum zivilrechtlichen Schutz vor Gewalttaten und Nachstellungen
GG	Grundgesetz
ggf.	gegebenenfalls
HKÜ	Haagener Übereinkommen über die zivilrechtlichen Aspekte internationaler Kindesentführung
KindRG	Kindschaftsreformgesetz
MediationsG	Mediationsgesetz
SGB VIII	Sozialgesetzbuch – Achtes Buch – Kinder- und Ju-gendhilferecht
u. a.	unter anderem
u. U.	unter Umständen
vs.	versus

1 Einleitung

1.1 Relevanz und Zielsetzung

„Zwischen dem, was ich denke, und dem, was ich sage und dem, was ich zu sagen glaube, und dem, was du hörst, und dem, was du hören willst, und dem was du verstehst und zu verstehen hoffst gibt es ebenso viele Möglichkeiten, sich nicht zu verstehen." (Anonym)

Dieser Satz könnte stellvertretend für die zahlreichen Herausforderungen einer Familienmediation bei Kindschaftskonflikten in Trennungs- und Scheidungsfamilien stehen. Dabei hat die heutige Familienmediation zunehmend gravierende Herausforderungen zu bewältigen.

Es gilt den Wandel der Familie ebenso zu berücksichtigen, wie die Globalisierung unserer Lebenswelt. Vor diesem Hintergrund hat sich die Zahl der Scheidungen seit 1965 nahezu verdreifacht (vgl. Peuckert, 2012, S. 343). Ein ähnliches Bild zeichnet sich bei den Trennungen ab. Ihre Rate übersteigt das Dreifache der o. g. Scheidungsrate. Auch im Rahmen der Globalisierung ist eine ansteigende Zahl von Trennungen und Scheidungen binationaler Partnerschaften zu verzeichnen (vgl. Nehls, 2009, S. 13).

Das Recht hat auf diesen gesellschaftlichen Wandel reagiert (vgl. BMJV, 2014, S. 2). So wurde das Gesetz zur Reform des Verfahrens in Familiensachen und in den Angelegenheiten der freiwilligen Gerichtsbarkeit (FGG-RG) aufgrund der Reform des Kindschaftsrechts (KindRG) weiter ausgebaut mit dem Ziel, konfliktvermeidende sowie konfliktlösende Elemente einzubeziehen (vgl. Struck, 2016, S. 348).

Dabei ist eine Trennung bzw. Scheidung für die Beteiligten mit hohen psychischen Belastungen verbunden. Die sich hieraus ergebenden Konflikte sind für die Beteiligten nicht nur existenziell, sondern gleichzeitig sind gravierende Entscheidungen zu fällen, wie beispielsweise wo die Kinder zukünftig ihren Lebensmittelpunkt haben werden und wie die Umgänge zu gestalten sind (vgl. Mähler/Mähler, 2016, S. 669). Hierbei nehmen Schätzungen zufolge ca. fünf % aller Scheidungen und Trennungen einen hochkonflikthaften Verlauf (vgl. Dietrich/Fichtner/Halatcheva/Sander/Weber, 2010, S. 10), der geprägt ist von Gewaltanwendungen bis hin zu Drohungen, das gemeinsame Kind in die Heimat des anderen Elternteils zu verbringen.

Vor dem Hintergrund des neuen Kindschaftsrechts hielt die Familienmediation 1998 ihren Einzug nach Deutschland, nachdem sie bereits zuvor in ihrem Ursprungsland USA in der Trennungs- und Scheidungsmediation bekannt geworden war (vgl. Diez, 2001, S. 27 f.). Sie fordert nicht nur fundierte Rechtskenntnisse, sondern auch eine interdisziplinäre Kooperation von Fachkräften sowie umfangreiche Kenntnisse in Soziologie und Psychologie, um die komplexen familien- und trennungsdynamischen Konflikte zu verstehen (vgl. Diez, 2001, S. 28).

Durch den Wandel der Familie und den damit verbundenen neuen Familienkonstellationen sieht sich die Familienmediation heute mit weit mehr Herausforderungen konfrontiert, als dies in der ursprünglichen Trennungs- und Scheidungsmediation der Fall war (vgl. Diez, 2001, S. 28). So bezieht die heutige Familienmediation nicht nur Familiensysteme wie Nicht-eheliche Lebensgemeinschaften und Stieffamilien mit ein, sondern zunehmend werden auch Gewalt und Missbrauch thematisiert und auch interkulturelle Konflikte innerhalb des Familiensystems gelten immer öfter durch eine Mediation zu bewältigen. Auf diese tief greifenden Veränderungen hat die Fachwelt konzeptionell zu reagieren, um die Familien zu begleiten und zu unterstützen (vgl. Diez, 2001, S. 28). So sind in der Trennungs- und Scheidungssituation zunehmend Kompetenzen gefordert, die einen möglichen Gewalthintergrund eruieren (vgl. Gläßer, 2008, S. 37) sowie interkulturelle Kompetenzen bei binationalen Konflikten (vgl. Nehls, 2009, S. 13). Dazu sind Erkenntnisse der aktuellen Familien- und Trennungspsychologie ebenso erforderlich, wie Handlungskompetenzen der Gesprächsführung (vgl. Diez, 2001, S. 28).

Das Ziel der vorliegenden Arbeit ist es, auf die o. g. Herausforderungen der Trennungs- und Scheidungsmediation einzugehen. Da eine kontroverse Diskussion darüber geführt wird, ob und inwieweit Kinder und Jugendliche zu beteiligen sind (vgl. Struck, 2015, S. 319), wird der Autor auch auf diese Thematik eingehen und stellt eine lösungs- und ressourcenorientierte Interventionsmöglichkeit vor, wie Kinder in die Mediation integriert werden können. (Zur besseren Lesbarkeit wird durchgängig die männliche Form verwendet; die weibliche ist stets mit eingeschlossen.).

Dabei erhebt die vorliegende Arbeit den Anspruch, auf die aktuellen gesellschaftlichen Situationen einzugehen.

1.2 Aufbau der Arbeit

Dazu ist die Arbeit in insgesamt zehn Abschnitte eingeteilt (B bis K).

In Abschnitt B wird zunächst die Familienmediation, inklusiv binationaler Aspekte, als außergerichtliches Streitschlichtungsverfahren vorgestellt.

Abschnitt C widmet sich den sozialen Aspekten. Um auf die sozialen Herausforderungen von Familien einzugehen, wird zunächst auf den Wandel des Familienbildes eingegangen, dem zufolge ein Aufwärtstrend an Trennungen und Scheidungen mit betroffenen Kindern zu beobachten ist. Im Rahmen der Globalisierung wird zusätzlich ein Blick auf die Migration geworfen, da vor ihrem Hintergrund eine ebenso steigende Anzahl an binationalen Ehen zu verzeichnen ist.

Da das aktuelle Kindschaftsrecht mit seiner Reform auf den sozialen Wandel reagiert hat, wird in Abschnitt D auf die rechtlichen Aspekte eingegangen. So wird das aktuelle Sorge- und Umgangsrecht vorgestellt sowie der Grund für das Vorrang- und Beschleunigungsgebot hervorgehoben. Anschließend wird auf das Hinwirken auf Einvernehmen eingegangen, wobei insbesondere auf die Signalwirkung für die Etablierung einer kooperativen Beilegung von Konflikten und einer gleichzeitigen Stärkung der elterlichen Verantwortung hingewiesen wird. Da das Kind als Grundrechtsträger von einer familienrechtlichen Entscheidung unmittelbar betroffen ist, wird auf eine Anhörung und den Willen des Kindes eingegangen. Da im Rahmen der Globalisierung die internationalen Kindschaftskonflikte eine zusätzliche Herausforderung darstellen, wird auf die rechtlichen Grundlagen bei einer Kindesentführung (HKÜ) eingegangen. Die rechtlichen Aspekte schließen mit einem Beratungs- und Unterstützungsanspruch bei der Ausübung der Personensorge und des Umgangsrechts bzw. einem Anspruch auf Beratung bei Trennung und Scheidung gemäß § 17 SGB VIII. ab.

Abschnitt E behandelt die Folgen von Trennung und Scheidung für die Eltern und ihre Kinder. Da eine Trennung und Scheidung oftmals mit einem signifikanten Anstieg von häuslicher Gewalt verbunden ist (vgl. Gläßer, 2008, S. 214), wird diese Thematik integriert.

Hierauf folgt in Abschnitt F die Konfliktbehandlung im familienrechtlichen Kontext, wobei zunächst eine Definition von Konflikt aus soziologischer- und aus psychologischer Sicht herausgestellt wird. Damit soll hervorgehoben werden, wie komplex sich insbesondere die psychologische Variante darstellt, um anschließend die Konfliktentwicklung bei Trennung bzw. Scheidung besser nachvollziehen zu können.

Insbesondere soll hierdurch eine Abgrenzung der verschiedenen Eskalationsstufen, zwecks Eruierung eines möglichen Hochkonflikts, vorgestellt werden. Es werden die unterschiedlichen Konfliktstile vorgestellt sowie auf die begrenzte Möglichkeit eines Hinwirkens auf Einvernehmen im Hochkonflikt hingewiesen.

Um auf die besonderen Konflikte in der Familienmediation eingehen zu können, wird in Abschnitt G zunächst die Begrifflichkeit des Kindeswohls abgegrenzt. Hierbei wird auf die unterschiedlichen Funktionen des Begriffs eingegangen sowie nach welchen Beurteilungskriterien die Regelung der elterlichen Sorge erfolgt. Anschließend wird auf die Folgen einer misslungenen Sorgerechts- bzw. Umgangsregelung eingegangen, wobei insbesondere die Umgangsregelung hervorgehoben wird. Da im Trennungs- und Scheidungskontext mit einem signifikanten Anstieg einer Beziehungsgewalt zu rechnen ist, wird vorgestellt, wie dieses Phänomen zu eruieren ist. Abschließend wird auf die besonderen Konflikte bei binationalen Kindschaftskonflikten eingegangen.

In Abgrenzung von Therapie und Beratung wird in Abschnitt H auf die Mediation und ihrer besonderen Herausforderung geblickt. Dazu wird zunächst die Struktur einer typischen Familienmediation in Trennungs- und Scheidungsfamilien vorgestellt sowie einer Mediation im Gewaltkontext. Zu jeder Mediationsvorstellung erfolgt eine Einbeziehung des Kindes. Anschließend wird eine Intervention vorgestellt, die sich explizit auf die Belange des Kindes konzentriert und die in die Familienmediation einbezogen werden kann. Den Abschluss bildet eine Mediation bei binationalen Kindschaftskonflikten auf der Basis eines dreijährigen deutsch-französischen Modellprojekts.

Nach der Abhandlung der vorgestellten Herausforderungen wird in Abschnitt I auf eine Konfliktbehandlung durch ein formelles Verfahren bzw. einem außergerichtlichen Verfahren eingegangen. Es wird der Grund für einen Paradigmenwechsel in den Blick genommen, um abschließend in Abschnitt J auf die zukünftige Entwicklung der Mediation einzugehen.

Um dem Bundestag im Sommer 2017 über die Auswirkungen des Mediationsgesetzes berichten zu können, wird das Mediationsgesetz derzeit evaluiert, weshalb im Abschnitt K, nach der Zusammenfassung, ein Ausblick auf die Mediation geworfen wird.

2 Mediation

2.1 Familienmediation – inklusive binationaler Aspekte

Die Familienmediation etablierte sich in Deutschland bereits gegen Ende des 20. Jahrhunderts (vgl. Paul, 2014b, S. 511 ff.). Aufgrund des Art. 6 Abs. 1 GG steht die Familie sowie sozial-familiäre Gemeinschaften, wie beispielsweise eingetragene Lebensgemeinschaften mit leiblichen oder angenommenen Kindern, unter dem besonderen Schutz des Staates. Dabei wird unter dem Begriff der Familie „alles, was um Kinder kreist" (Paul, 2014b, S. 512) verstanden. Bei entstehenden Konflikten setzt das Kindschaftsreformgesetz von 1998 (KindRG) und das „Gesetz über das Verfahren in Familiensachen und in Angelegenheiten der freiwilligen Gerichtsbarkeit" (FamFG) auf eine einverständliche Regelung. Hierzu belegen weltweite Erfahrungen, dass sich aufgrund einer Familienmediation die Kommunikation zwischen den Familienmitgliedern verbessert, Konflikte verringert, einvernehmliche Regelungen gefunden werden und die persönlichen Kontakte zwischen den Kindern und ihren Eltern erhalten bleiben.

Bei den sogenannten binationalen Trennungen führen die kulturellen Unterschiede, die zu überwindenden Entfernungen sowie die rechtlichen Rahmenbedingungen zu einer zusätzlichen Verschärfung der Konfliktsituation (vgl. Paul, 2014b, S. 513). Eine mögliche Entführung des Kindes erschwert die Problematik und somit die Dynamik massiv, weshalb Richter und Jugendämter die betroffenen Eltern immer öfter auf die Möglichkeit einer Mediation hinweisen.

War bislang die Mediation nicht geregelt und fand unabhängig außerhalb des Gerichtsverfahrens statt, so ist sie mittlerweile verankert (vgl. Paul, 2014b, S. 516). Ein wesentliches Anliegen bei der Implementierung war vor allem auf die Nutzung der Mediation hinzuweisen. Dabei hat die Mediation aufgrund des Mediationsgesetzes nicht nur bedeutsame Reformierungen erfahren, sondern zusätzlich wurden auch Anreize für eine Mediation geschaffen (vgl. Paul, 2014b, S. 511).

2.2 Mediation als außergerichtliches Streitschlichtungsverfahren

Aufgrund des Mediationsgesetzes (MediationsG) ist die Mediation als einziges außergerichtliches Streitschlichtungsverfahren in Deutschland rechtlich verankert (vgl. Haaß, 2016, S. 190 f.). Trotz des verfahrensrechtlich geregelten Standards lässt dieses Verfahren ausreichend Raum für eine flexible Gestaltung. Die „Mediation ist ein vertrauliches und strukturiertes Verfahren, bei dem die Parteien mithilfe eines oder mehrerer Mediatoren freiwillig und eigenverantwortlich eine einvernehmliche Beilegung ihres Konfliktes anstreben" (§ 1 Abs. 1 MediationsG). Das Ziel der Mediation ist eine für alle Beteiligten gewinnbringende konsensorientierte Konfliktbeilegung (vgl. Haaß, 2016, S. 190 f.). Hierzu erarbeiten die Medianden freiwillig und eigenverantwortlich eine zukunftsorientierte sowie interessengerechte Lösung, die am Ende von allen akzeptiert werden kann. Dabei hängt ihr Erfolg im Wesentlichen von der Bereitschaft der Medianden ab sich mit dem Gegenüber, unter der Leitung des Mediators, auf das Verfahren einzulassen. Dazu sollten die Medianden bereit sein, alle konfliktrelevanten Informationen offen darzulegen, indem sie sich gesprächsbereit und ergebnisoffen zeigen. Der Mediator unterstützt die Beteiligten bei ihrer autonomen Lösungsfindung (Prozessverantwortung), was wiederum von allen ein hohes Maß an Zusammenarbeit verlangt, an dessen Ende jedoch ein nachhaltiges Ergebnis zu erwarten ist.

3 Soziale Aspekte

3.1 Der Wandel der Familie

Das Familienmodell hat sich seit Mitte des vergangenen Jahrhunderts gewandelt (vgl. Peuckert, 2012, S. 1). Bestand das traditionelle Familienbild des vergangenen Jahrhunderts noch aus einem Ehepaar mit seinen leiblichen minderjährigen Kindern, so versteht die heutige Gesellschaft unter einer Familie zunehmend Eltern-Kind-Gemeinschaften (vgl. Peuckert, 2012, S. 1), d. h., Ehepaare, nicht-eheliche (gemischtgeschlechtliche) und gleichgeschlechtliche Lebensgemeinschaften sowie Alleinerziehende mit ledigen Kindern im Haushalt. Einbezogen sind – neben leiblichen Kindern – auch Stief-, Pflege- und Adoptivkinder ohne Altersbegrenzung. Heute leben ca. 77 % der minderjährigen Kinder in einer Normalfamilie, wobei der Anteil der Kinder, die entweder bei Alleinerziehenden, in nicht-ehelichen Lebensgemeinschaften oder in Stieffamilien aufwachsen, kontinuierlich ansteigt (vgl. Peuckert, 2012, S. 343). Gründe für diesen Wandel sind in der Veränderung der Geschlechterrolle zu finden. Aufgrund einer verbesserten Bildungsbeteiligung, verbunden mit einer zunehmenden Erwerbstätigkeit, führen Frauen heute zunehmend ein ökonomisch unabhängiges Leben (vgl. Peuckert, 2012, S. 343). Vor diesem Hintergrund hat sich die Zahl der Scheidungen seit 1965 verdreifacht (vgl. Peuckert, 2012, S. 343). Aller Voraussicht nach werden in den kommenden 25 Jahren 40 % aller Ehen durch eine Scheidung gelöst werden. Ein ähnliches Bild zeichnet sich bei den Trennungen ab. Ihre Rate übersteigt das Dreifache der o. g. Scheidungsrate. Konventionelle sowie patriarchalische Beziehungsmuster stellen somit ein Auslaufmodell dar, weshalb zunehmend individuell gestaltete Beziehungsformen angesagt sind, die auf ein eigenverantwortliches Handeln setzen (vgl. Mähler/Mähler, 2016, S. 669 f.). Hierbei werden die geltenden Normen lediglich als eine Rahmenbedingung betrachtet, bei der eigenverantwortliche Lösungen angestrebt werden (responsive law).

Diesem Konzept wird die Mediation gerecht, indem sie als strukturiertes und freiwilliges Verfahren zur konstruktiven Beilegung eines Konfliktes, auf die Selbstverantwortung der Konfliktparteien setzt und der Mediator als unabhängiger Dritter den Lösungsprozess begleitet (vgl. Mähler/Mähler, 2016, S. 670 f.).

3.2 Globalisierung

Im Rahmen der Globalisierung ist eine ansteigende Zahl von binationalen Partnerschaften zu verzeichnen (vgl. Paul/Kiesewetter, 2009, S. V). Die sogenannten binationalen Ehen (Ehe zwischen Deutschen und Menschen anderer sozialer Herkunft/Nationalität) spielen eine immer größere Rolle, da sie letztendlich als Indikator einer sozialen Integration gelten (vgl. Peuckert, 2012, S. 51). Kulturelle Annäherung, verbunden mit einem sozialen Prestige der jeweiligen Nationalität sowie individuelle Motive nach sozialer Absicherung und einem attraktiven Partner, sorgen für einen Anstieg binationaler Ehen (vgl. Peuckert, 2012, S. 53).

Allerdings führen Sprachprobleme sowie mangelnde Kenntnisse über die kulturellen, gesellschaftlichen als auch rechtlichen Grundlagen der Wahlheimat dazu, dass der ausländische Elternteil sich benachteiligt und unverstanden fühlt (vgl. Carl/Alles, 2009, S. 117 f.). Zusätzlich führt ein unterschiedliches Familien- und Rollenverständnis aufgrund kultureller Unterschiede zu gravierenden Missverständnissen und heftigen Auseinandersetzungen. Als Beispiel mag eine Berufstätigkeit oder divergierende Erziehungsvorstellung gelten. Trennen sich binationale (Ehe)Partner und ein Elternteil kehrt ohne die Erlaubnis des anderen Elternteils mit dem gemeinsamen Kind in seine Heimatland zurück, eskaliert der Konflikt, weshalb die Justiz, aber auch die zuständigen Jugendämter, zunehmend mit einer steigenden Anzahl von binationalen Sorge- und Umgangsstreitigkeiten konfrontiert werden. Zudem können in unterschiedlichen Ländern gegensätzliche Entscheidungen getroffen werden, weshalb eine Mediation in internationalen Kindschaftssachen zunehmend in Betracht gezogen wird (vgl. Mähler/Mähler, 2016, S. 702). Hier bietet die Mediation sowohl methodische Vorteile als auch ein breit gefächertes Repertoire an Entscheidungsmöglichkeiten. Internationale Kindschaftskonflikte stellen eine besondere Herausforderung dar, da sie umfangreiche Kenntnisse der fremden Rechtsvorschriften sowie interkulturelle Kompetenzen abverlangen. Sie sind ebenfalls, wie das nationale Kindschaftsrecht, am Kindeswohl ausgerichtet (vgl. Nehls, 2009, S. 13).

Vor diesem Hintergrund werden insbesondere in der Trennungs- und Scheidungssituation auch zunehmend interkulturelle Kompetenzen gefordert (vgl. Diez, 2001, S. 28).

4 Rechtliche Aspekte

4.1 Das Kindschaftsrecht

4.1.1 Die Reform des Kindschaftsrecht

Das Recht hat sich dem gesellschaftlichen Wandel von Familienlebensmustern angepasst (vgl. BMJV, 2014, S. 2 ff.). Vor dem Hintergrund einer steigenden Anzahl von Trennungen und Scheidungen hat die Reform des Kindschaftsrechts (KindRG) seit 1998 zahlreiche Nachbesserungen vorgenommen. So besteht seit dem 19. Mai 2013 die gemeinsame elterliche Sorge auch nach der Trennung der Eltern weiter fort und seit dem 13. Juli 2013 ist dem biologischen, nicht rechtlichen Vater ein Umgangsrecht eingeräumt worden.

Das am 1. September 2009 in Kraft getretene Gesetz über das Verfahren in Familiensachen und in Angelegenheiten der freiwilligen Gerichtsbarkeit (FamFG) steht für die Weiterentwicklung des Kindschaftsreformgesetzes (vgl. Weber/Alberstötter/Schilling, 2013, S. 10). Es stellt das Kind im Verfahren von Kindschaftssachen in den Mittelpunkt.

Das Gesetz zur Reform des Verfahrens in Familiensachen und in den Angelegenheiten der freiwilligen Gerichtsbarkeit (FGG-RG) wurde aufgrund des KindRG weiter ausgebaut mit dem Ziel, konfliktvermeidende sowie konfliktlösende Elemente stärker einzubeziehen (vgl. Struck, 2016, S. 348 ff.). Im Rahmen eines Hinwirken auf Einvernehmen (§ 156 FamFG) unterstützt das Familiengericht die Eltern, eine eigenverantwortliche Konfliktlösung zu finden, sofern dies nicht dem Kindeswohl widerspricht (vgl. § 156 Abs. 1 Satz 1 FamFG) und weist auf die entsprechenden Beratungsangebote hin oder verordnet sie. Ziel ist, gemäß § 156 Abs. 1 Satz 2 FamFG an die elterliche Verantwortung in Sorge- und Umgangsstreitigkeiten zu appellieren.

4.1.2 Die elterliche Sorge bei Trennung und Scheidung

Gemäß Art. 6 Abs. 2 GG sind die Eltern berechtigt und verpflichtet, ihr Kind zu pflegen und zu erziehen (Rechts- und Pflichtenlage) (vgl. Schwab, 2016, S. 243). Die elterliche Sorge leitet sich von der elterlichen Verantwortung ab und ist auf das Wohl des Kindes ausgerichtet. Dabei wird die elterliche Sorge in die Vermögenssorge und in die Personensorge unterteilt, wobei die Personensorge der Pflege und Erziehung des Kindes obliegt (vgl. Schwab, 2016, S. 244). Diese sogenannte Elternrechtsgarantie geht von dem Regelfall aus, dass das Kind gemeinsam mit Vater und

Mutter aufwächst und soll durch das Getrenntleben der Eltern im Falle einer Trennung bzw. Scheidung nicht aufgehoben werden (vgl. Schwab, 2016, S. 247). Ein gemeinsames Sorgerecht für eheliche Kinder besteht, wenn die Eltern zum Zeitpunkt der Geburt miteinander verheiratet sind (elterliche Sorge kraft Ehe) oder wenn die Eltern nach der Geburt einander heiraten (vgl. Schwab, 2016, S. 293 f.). Ebenso besteht die elterliche Sorge für nicht eheliche Kinder, wenn die Eltern vor einem Notar oder dem Jugendamt eine sogenannte Sorgeerklärung abgeben, indem beide erklären, dass sie gemeinsam für das Kind sorgen wollen (vgl. Schwab, 2016, S. 296 f.). Manche Eltern planen trotz eines gemeinsamen Kindes keine gemeinsame Zukunft. In solchen Fällen sieht das Gesetz gemäß § 1626a Abs. 3 BGB vor, dass die Mutter das alleinige Sorgerecht innehat (Sorgerecht kraft Mutterschaft) (vgl. Schwab, 2016, S. 295). Bei der Personensorge sind die Eltern mit Bestimmungsbefugnissen, wie die gesetzliche Vertretung des Kindes (vgl. § 1629 BGB) und den Aufenthalt des Kindes zu bestimmen (vgl. § 1631 BGB), ausgestattet (vgl. Schwab, 2016, S. 304 f.). Hierbei gewährt § 1632 Abs. 1 BGB die Herausgabe des Kindes von jedem, der das Kind seinen Eltern widerrechtlich vorenthält. Im Trennungs- und Scheidungsfall bedeutet dies, dass dem Elternteil, der die alleinige Personensorge oder das Aufenthaltsbestimmungsrecht innehat, ein Herausgabeanspruch gegenüber dem anderen Elternteil zusteht, sofern dies dem Kindeswohl entspricht (vgl. Schwab, 2016, S. 327). Bei der Trennung der Eltern werden die Kinder oftmals dadurch belastet, dass Eltern darüber streiten bei wem das Kind zukünftig leben soll, wer das Sorgerecht ausübt und wie der Umgang zu gestalten ist. Können Eltern sich nicht auf ein kooperatives Zusammenwirken einigen, wird das Kindeswohl beeinträchtigt (vgl. Schwab, 2016, S. 357).

Das Kindschaftsreformgesetz vom 1. Juli 1998 zielt darauf ab, einem Streit der Eltern um das Sorgerecht entgegen zu wirken (vgl. Schwab, 2016, S. 358 ff.). Bei einer Trennung der Eltern bleibt das gemeinsame Sorgerecht grundsätzlich bestehen, allerdings müssen die Eltern sich darüber einigen, bei wem das Kind zukünftig leben soll. Können die Eltern sich nicht einigen, muss entweder von einem Elternteil gemäß § 1671 BGB die Alleinsorge oder gemäß § 1628 BGB das Aufenthaltsbestimmungsrecht beantragt werden. Somit können die Eltern trotz der Reform weiter streiten. Lebt das Kind nach der Trennung bei einem Elternteil, so ist vom jeweils anderen Elternteil in „Angelegenheiten, deren Regelung für das Kind von erheblicher Bedeutung ist" (§ 1687 Abs. 1 Satz 1 BGB) das Einverständnis des anderen Elternteils einzuholen. Lediglich in Angelegenheiten des täglichen Lebens kann der betreuende Elternteil alleine entscheiden (vgl. § 1687 Abs. 1 Satz 2 BGB). Somit wird das gemeinsame Sorgerecht aufgespaltet (vgl. Schwab, 2016, S. 360).

Eltern bleiben somit auch nach der Trennung bzw. Scheidung in ihrer Elternverantwortung, weshalb sie gemäß § 156 FamFG verpflichtet sind, auf ein Einvernehmen hinzuwirken. Eine besondere Situation entsteht, wenn ein nicht allein sorgeberechtigter Elternteil das Kind ohne Rücksprache mit dem anderen Elternteil an einen anderen Ort verbringt (vgl. Nehls, 2009, S. 13).

4.1.3 Das Recht auf Umgang und Auskunft

Die elterliche Verantwortung umfasst gemäß Art. 6 Abs. 2 GG auch, dass die Eltern zum Umgang mit ihrem Kind berechtigt und verpflichtet sind (vgl. Schwab, 2016, S. 243).

Das Umgangsrecht leitet sich vom natürlichen Recht der Eltern und der damit verbundenen Verantwortung gemäß Art. 6 Abs. 2 Satz 1 GG ab (vgl. Schwab, 2016, S. 370 ff.). Das Umgangsrecht findet seine Anwendung, wenn einem Elternteil das alleinige Sorge- oder Aufenthaltsbestimmungsrecht übertragen wurde - in diesem Fall ist der andere Elternteil umgangsberechtigt und verpflichtet - und zum anderen bei einem gemeinsamen Sorgerecht, dann ist der Elternteil umgangsberechtigt und verpflichtet, bei dem das Kind nicht seinen Lebensmittelpunkt hat. Eine einheitliche Regelung bezüglich der Ausgestaltung des Umgangs gibt es nicht (vgl. Schwab, 2016, S. 370 ff.). Der Umgang dient dem Kindeswohl, solange die Eltern in der Lage erscheinen, die Umgänge harmonisch zu gestalten und dabei den Bedürfnissen des Kindes zu begegnen. Gelingt es den Eltern nicht, eine Einigung über den Umgangskontakt zu erzielen, wirkt sich dies schädigend auf die weitere Entwicklung des Kindes aus. Grund für Auseinandersetzungen sind oftmals Feindseligkeiten und Misstrauen unter den Eltern. So befürchtet der betreuende Elternteil der umgangsberechtigte Elternteil könne das Kind entfremden, während der umgangsberechtigte Elternteil den Umgang dazu nutzt, weiterhin Einfluss auf den Ex-Partner ausüben zu können. Auch der Umgang selber kann dazu missbraucht werden, bestehende Feindseligkeiten zwischen den Eltern auszufechten. Um dem entgegenzuwirken, weist das Gesetz gemäß § 1684 Abs. 2 BGB auf das Wohlverhaltensgebot hin, dass Eltern alles zu unterlassen haben, was das Verhältnis des Kindes zum jeweiligen anderen Elternteil beeinträchtigt oder die Erziehung erschwert. Hierbei ist insbesondere der Wille des Kindes zu beachten. Denn bei einem vehementen Widerstand des Kindes gegen den Umgang stellt sich die Frage, ob eine Durchsetzung des Umgangsrechts gegen den Willen des Kindes nicht seiner Persönlichkeitsentwicklung schadet (vgl. Schwab 2016, S. 375). Denn letztendlich sollte Einigkeit darüber bestehen, dass im elterlichen Streit um das Sorge- und Umgangsrecht das Kind der Verlierer sein wird, an dem auch die rechtliche Norm nichts ausrichten kann (vgl. Schwab, 2016, S. 372).

Auch das Kind verfügt über ein Umgangsrecht gegenüber seinen Eltern (vgl. Schwab, 2016, S. 374). So hat der betreuende Elternteil dem umgangsberechtigten Elternteil den Umgang zu ermöglichen. Der umgangsberechtigte Elternteil ist zur Ausübung des Umgangs nicht nur berechtigt, sondern auch verpflichtet.

Schließlich umfasst die elterliche Verantwortung gemäß § 1686 BGB einen Anspruch des umgangsberechtigten Elternteils gegenüber dem sorgeberechtigten Elternteil – unabhängig davon, wie die elterliche Sorge geregelt ist – bei einem berechtigten Interesse, Auskunft über die persönlichen Verhältnisse des Kindes zu erhalten, soweit dies dem Kindeswohl nicht widerspricht (vgl. Schwab, 2016, S. 380).

4.1.4 Vorrang- und Beschleunigungsgebot (§FamFG)

Gelingt es den Eltern nicht, eine einvernehmliche Regelung zu treffen, trifft das Familiengericht, in dessen Bezirk das Kind seinen gewöhnlichen Aufenthalt hat (vgl. § 152 Abs. 2 FamFG) bzw. das Bedürfnis der Fürsorge bekannt wird (vgl. § 152 Abs. 3 FamFG), eine Regelung. Dabei ist das Verfahren in Kindschaftssachen, die den Aufenthalt des Kindes, das Umgangsrecht oder die Herausgabe des Kindes betreffen, sowie Verfahren wegen Gefährdung des Kindeswohls vorrangig und beschleunigt durchzuführen, d. h., spätestens einen Monat nach Beginn des Verfahrens (vgl. Paul, 2014a, S. 361). Der hinzugefügte Abs. 4 stellt sicher, dass Verfahren, die aufgrund einer außergerichtlichen Konfliktbeilegung - hier Mediation - für drei Monate ausgesetzt wurden, wieder aufgenommen werden, wenn die Beteiligten keine einvernehmliche Regelung erzielen konnten (vgl. Paul, 2014a, S. 361).

4.1.5 Das Hinwirken auf Einvernehmen (§FamFG)

„Das Gericht soll in Kindschaftssachen, die die elterliche Sorge bei Trennung und Scheidung, den Aufenthalt des Kindes, das Umgangsrecht oder die Herausgabe des Kindes betreffen, in jeder Lage des Verfahrens auf ein Einvernehmen der Beteiligten hinwirken, wenn dies dem Kindeswohl nicht widerspricht. Es weist auf Möglichkeiten der Beratung durch die Beratungsstellen und -dienste der Träger der Kinder- und Jugendhilfe insbesondere zur Entwicklung eines einvernehmlichen Konzepts für die Wahrnehmung der elterlichen Sorge und der elterlichen Verantwortung hin. Das Gericht kann anordnen, dass die Eltern einzeln oder gemeinsam an einem kostenfreien Informationsgespräch über Mediation oder über eine sonstige Möglichkeit der außergerichtlichen Konfliktbeilegung bei einer von dem Gericht benannten Person oder Stelle teilnehmen und eine Bestätigung hierüber vorlegen. Es kann ferner anordnen, dass die Eltern an einer Beratung nach Satz 2 teilnehmen. Die Anordnungen nach den Sätzen 3 und 4 sind nicht selbstständig anfechtbar und nicht mit Zwangsmitteln durchsetzbar." (§ 156 Abs. 1 FamFG)

Aufgrund der Änderung von § 156 Abs. 1 Satz 3 FamFG kann das Familiengericht nun in Kindschaftssachen, wie beispielsweise bei Sorge- und Umgangsstreitigkeiten, „anordnen, dass die Eltern einzeln oder gemeinsam an einem kostenfreien Informationsgespräch über Mediation … teilnehmen." (Paul, 2014a, S. 362). Diese Vorschrift gilt explizit für Kindschaftssachen. Dabei soll das Gericht gemäß Abs. 1 in jeder Lage des Verfahrens auf ein Einvernehmen der Beteiligten hinwirken, sofern dies dem Kindeswohl nicht widerspricht und weist damit gemäß § 18 Abs. 1 SGB VIII auf die außergerichtlichen Beratungsmöglichkeiten der öffentlichen Träger (Jugendamt) als auch der privaten Träger hin (Normzweck) „Dabei soll das Gericht in geeigneten Fällen auf die Möglichkeit der Mediation … hinweisen." (Paul, 2014a, S. 363). Somit kann das Gericht nunmehr anordnen, dass die Eltern an einer Beratung teilnehmen und eine Bestätigung hierüber vorlegen. Aufgrund einer Rollenklarheit soll somit nicht mehr den Richtern, sondern den externen Stellen die Informationsaufgaben übertragen werden. Auf der Grundlage der Neufassung des § 156 Abs. 1 Satz 3 FamFG kann das Familiengericht in Kindschaftssachen anordnen, dass die Eltern entweder einzeln oder gemeinsam an einem kostenfreien Informationsgespräch über Mediation teilnehmen (Anordnung der Teilnahme an einem Informationsgespräch). Allerdings stellt sich an dieser Stelle die Frage, inwieweit diese Anordnung mit dem Prinzip der Freiwilligkeit der Mediation vereinbar ist (vgl. Paul, 2014a, S. 364). Hierzu verweist Paul auf die in den USA übliche „Mandatorische Mediation", bei der den Medianden eine Teilnahme an einer Mediation vorgeschrieben werden kann in der Hoffnung, dass die Parteien nach einer Teilnahme die Vorteile erkennen können. Das Informationsgespräch dient dazu, den

Eltern zu erklären, was eine Mediation ist und welche Vorzüge sie bieten kann. Nach dem Informationsgespräch sollen die Eltern dann freiwillig darüber entscheiden, ob sie an einer Mediation teilnehmen möchten, um eine eigenverantwortliche Einigung zu erzielen (Prinzip der Freiwilligkeit). Ebenso wie die Freiwilligkeit wird auch die Kostenfreiheit kontrovers diskutiert (vgl. Paul, 2014a, S. 364). So hat der Gesetzgeber bei der Etablierung der Mediation darauf vertraut, dass Beratungsstellen die Mediation mit kostenfreien Angeboten unterstützen, weshalb bislang eine staatliche Mediationskostenhilfe fehlt und sich kein Anspruch gegen die Staatskasse auf Kostenersatz ableiten lässt (Kostenfreiheit). Dabei steht es im freien Ermessen des Gerichtes, ob es eine Anordnung gemäß § 156 Abs. 1 Satz 3 FamFG trifft (Ermessensentscheidung) (vgl. Paul, 2014a, S. 365).

4.1.6 Anhörung und Wille des Kindes (§FamFG)

Seit dem 1. September 2009 bildet die familiengerichtliche Anhörung des Kindes (§ 159 FamFG) einen festen Bestandteil im Verfahren und verdeutlicht einmal mehr seine Stellung, im Mittelpunkt des Verfahrens zu stehen (vgl. Grabow 2013, S. 179 ff.). Da das Kind als Grundrechtsträger von einer familienrechtlichen Entscheidung unmittelbar betroffen ist, steht ihm das Recht der persönlichen Anhörung zu, um seinem Willen Ausdruck zu verleihen. Dabei hat der Begriff des Kindeswillen zum einen die Funktion zu eruieren, zu welchem Elternteil das Kind eine stärkere Bindung aufgebaut hat und zum anderen hebt der Kindeswille die Autonomie des Kindes im Verfahren hervor. Da das Gesetz keine Angaben über das Mindestalter für eine Anhörung macht, ist man in der Praxis dazu übergegangen, Kinder ab drei bis vier Jahren zu hören (vgl. Grabow 2013, S. 182). Ist das Kind noch zu jung um sich selbst zu artikulieren, versucht sich das Gericht einen Eindruck zu verschaffen, indem es die Interaktion zwischen dem Kind und seiner Bezugsperson beobachtet. Von einer persönlichen Anhörung ist abzusehen, wenn die Anhörung des Kindes eine Beeinträchtigung seiner Gesundheit darstellen würde oder das Kind keine Bindung zu einem Elternteil entwickeln konnte. Die anfangs geäußerten Bedenken, dass eine Anhörung eine unzumutbare Belastung für das Kind darstellen würde, konnten nicht bestätigt werden (vgl. Grabow 2013, S. 179). Allerdings darf ihm keine Entscheidung über seine Zukunft zugemutet werden.

Das Kind ist jedoch persönlich anzuhören, wenn es das 14. Lebensjahr vollendet hat (vgl. Schwab, 2016, S. 325). Aufgrund seiner beschränkten Geschäftsfähigkeit ist es verfahrensfähig, weshalb es gegen eine gerichtliche Entscheidung, die seine Person betrifft, ein Beschwerderecht ausüben kann. So kann es beispielsweise

„dem Antrag seiner getrennt lebenden Eltern, einem von ihnen allein das Sorgerecht zu übertragen, widersprechen (§ 1671 Abs. I Nr.1; II Nr. 1)" (Schwab, 2016, S.
325)".

4.2 Rechtliche Grundlagen bei Kindesentführung (HKÜ)

Im Rahmen der Globalisierung verschärft sich die Konfliktdynamik, wenn ein Elternteil befürchtet, dass der Partner das gemeinsame Kind entführen könnte und
in sein Heimatland bringt. Dann stellen die internationalen Kindschaftskonflikte
eine besondere Herausforderung dar, da sie umfangreiche Kenntnisse der fremden
Rechtsvorschriften sowie Kulturen abverlangen. Sie sind ebenfalls, wie das nationale Kindschaftsrecht, am Kindeswohl ausgerichtet (vgl. Nehls, 2009, S. 13 ff.).

So ist das Ziel des Haagener Übereinkommen über die zivilrechtlichen Aspekte in-
ternationaler Kindesentführung (HKÜ), a. widerrechtlich verbrachte und zurück-
gehaltene Kinder in einen Vertragsstaat sofort zurückzuführen und b. zu gewähr-
leisten, dass das im jeweiligen Vertragsstaat geltende Sorge- und Umgangsrecht beachtet wird (vgl. Artikel 1 HKÜ) (vgl. Nehls, 2009, S. 13 ff.). So findet das Übereinkommen gemäß Artikel 4 nur dann Anwendung, wenn das Kind seinen gewöhnlichen Aufenthalt in einem Vertragsstaat hat und das 16. Lebensjahr noch nicht vollendet hat. Bei der Verletzung des Sorgerechts gilt explizit das geltende Recht im
jeweiligen Herkunftsstaat. Einen entsprechenden Antrag auf Rückgabe des ent-
führten Kindes ist gemäß Art. 12 Abs. 1 HKÜ innerhalb der Jahresfrist beim zuständigen Gericht bzw. Verwaltungsbehörde des Vertragsstaates zu stellen, in dem das
Kind sich befindet. Wird ein entsprechender Antrag erst nach Ablauf der Jahresfrist
gestellt, ist zwar ebenfalls eine Rückführung anzuordnen, jedoch nur sofern das
Kind sich (noch) nicht an seine neue Umgebung gewöhnt hat (vgl. Art. 12 Abs. 2
HKÜ).

Allerdings können die hier genannten Verpflichtungen zur sofortiger Rückgabe
ausgesetzt werden, wenn die sich widersetzende Person nachweisen kann, dass a)
das Sorgerecht zum Zeitpunkt des Verbringens oder Zurückhaltens nicht tatsäch-
lich ausgeübt wurde, dem zugestimmt bzw. nachträglich zugestimmt wurde (vgl.
Art. 13 a HKÜ) oder b) eine Rückgabe des Kindes mit einer schwerwiegenden Gefahr eines körperlichen oder seelischen Schadens verbunden ist bzw. das Kind auf
andere Weise in eine unzumutbare Lage bringt (vgl. Art. 13 b HKÜ). Begründungen,
wie einen Wechsel der Bezugsperson, große Entfernung, Fremdsprache oder
Wechsel von Bildungsinstitutionen gelten hierbei nicht als eine unzumutbare Lage
(vgl. Nehls, 2009, S. 16 f.). C) Ebenso kann eine Rückgabe abgelehnt werden, wenn

sich das Kind der Rückgabe widersetzt und ein erklärter Wille des Kindes vorliegt, der angesichts seines Alters bzw. Reife zu berücksichtigen ist (vgl. Art. 13 Abs. 2 HKÜ). D) Schließlich kann die soziale Integration des Kindes als Ausschlusskriterium gewertet werden, wenn ein Rückführungsantrag erst nach Ablauf einer Jahresfrist gestellt wird (vgl. Art. 12 Abs. 2 HKÜ) und e) ein Verstoß gegen die Grundwerte über den Schutz der Menschenrechte und Grundfreiheiten gemäß Art. 20 HKÜ nachgewiesen werden kann.

Im Falle einer Entführung des Kindes in einen Nichtvertragsstaat kann nur auf Maßnahmen des Entführungslandes gesetzt werden, wie beispielsweise die Einschaltung von dort ansässigen Anwälten oder der Einschaltung des Auswärtigen Amtes (vgl. Nehls, 2009, S. 25).

Nach der Rückführung des Kindes in sein Heimatland beginnt dann oft ein langwieriges Sorge- und Umgangsverfahren, welches nicht nur die Eltern und ihre Kinder an die Grenze ihrer Belastung führt (vgl. Carl/Erb-Klünemann, 2009, S. 69). Hier bietet die Mediation eine ideale Chance die Eltern wieder zu befähigen, Fragen bezüglich ihrer in Zukunft getrennt lebenden Familie, eigenverantwortlich und dauerhaft zu klären sowie in ihrer elterlichen Verantwortung zu stärken (vgl. Carl/Erb-Klünemann, 2009, S. 69).

Auch dienen die hier vorgestellten Gesetze und internationalen Abkommen zwar dem Schutz des Kindes, letztendlich benötigen die Eltern jedoch eine angemessene Unterstützung bei der Lösung ihres familiären Konfliktes, um wieder in die Lage versetzt zu werden, ihre elterliche Verantwortung gegenüber ihrem Kind wahrzunehmen (vgl. Nehls, 2009, S. 31).

4.3 Unterstützung bei der Personensorge und des Umgangs

Aufgrund der Kindschaftsreform haben sich die Streitigkeiten um das Sorgerecht nun auf das Umgangsrecht verlagert (vgl. Struck, 2016, S. 338 ff.). Dabei wird vielfach das Kindeswohl für die Elterninteressen missbraucht, weshalb das Kind droht - insbesondere bei internationalen Konflikten – das Opfer von tief greifenden elterlichen Feindseligkeiten zu werden. Um jedoch Feindseligkeiten entgegenzuwirken, weist das Gesetz gemäß § 1684 Abs. 2 BGB auf das Wohlverhaltensgebot hin, dass Eltern alles zu unterlassen haben, was das Verhältnis des Kindes zum jeweiligen anderen Elternteil beeinträchtigt oder die Erziehung erschwert. Hierbei sollte grundsätzlich eine einvernehmliche Konfliktlösung angestrebt werden, weshalb gemäß § 156 FamFG in jeder Lage des Verfahrens auf ein Einvernehmen der Beteiligten hinzuwirken ist, wenn dies dem Kindeswohl nicht widerspricht. Aufgrund nicht bewältigter Partnerschaftskonflikte besteht die Gefahr, dass das Kind von einem- oder beiden Elternteilen instrumentalisiert wird (vgl. Struck, 2016, S. 339). Vor diesem Hintergrund gilt es vermittelnd einzugreifen, um dem Kind die wichtigen emotionalen sowie sozialen Bindungen und Beziehungen zum Umgangsberechtigten zu erhalten und ggf. weiter zu entwickeln. Hierfür sind neben mediativen Kommunikationstechniken ebenso spezifische Qualifikationen zur Beratung von Kindern und Jugendlichen erforderlich. So stellt eine Umgangsvereitelung oftmals einen fortbestehenden Konflikt zwischen den Eltern dar, weshalb ein Kind entweder in eine Parteirolle gedrängt wird oder einen Umgang mit dem Umgangsberechtigten boykottiert (vgl. Struck, 2016, S. 341).

4.4 Beratung bei Trennung und Scheidung

Mit der Einführung von § 17 SGB VIII hat die Reform des Kindschaftsrechts die wachsende Bedeutung der Beratung im Trennungs- und Scheidungsprozess hervorgehoben (vgl. Struck, 2015, S. 316 ff.). So wurde das einstige Konzept, das Verfahren bei Aussicht auf eine einvernehmliche Lösung auszusetzen, weiterentwickelt bis zum heute gültigen Gesetz zur Förderung der Mediation. Dabei soll an die elterliche Verantwortung appelliert werden (vgl. Struck, 2015, S. 317). Hierbei sind explizit die elterlichen Kompetenzen zu stärken sowie die Eltern bei der Suche nach einer Konfliktlösung zu unterstützen und gleichzeitig für die Situation ihrer Kinder zu sensibilisieren. Indem mit den Eltern die Ressourcen herausgearbeitet werden, erlangen sie die Fähigkeit zurück, ihre eigenen Kräfte zu mobilisieren, um autonome Entscheidungen treffen zu können (vgl. Struck, 2015, S. 317 f.). Zudem zielt die Intervention auf ein Fortbestehen der elterlichen Bindung ab. Dies bedeutet für den Berater bzw. Mediator zum einen, die Partner bei der Lösung ihres Beziehungskonfliktes zu unterstützen (Paarebene) und zum anderen ihre elterliche Verantwortung gegenüber dem Kind wahrzunehmen (Elternebene). Es gilt insbesondere die Bindungstoleranz hervorzuheben, d. h., die Beziehung zum anderen Elternteil zu fördern und im Interesse des Kindes zu kooperieren.

So zielt die Verpflichtung gemäß § 17 Abs. 2 SGB VIII auf eine angemessene Beteiligung des Kindes bzw. Jugendlichen ab, Kinder bzw. Jugendliche entsprechend ihrer individuellen sowie altersspezifischen Einsichts- und Belastungsfähigkeit in den Beratungsprozess mit einzubeziehen. Hierbei orientieren sich Interventionen explizit an der (vorhersehbaren) Entwicklung als auch am Kindeswohl (vgl. Struck,

2015, S. 318). Allerdings fehlt bislang noch ein einheitliches Modell für die Teilnahme von Kindern und Jugendlichen im Beratungskontext. Hierbei ist insbesondere die Teilnahme von Kindern und Jugendlichen erstrebenswert, um neben den Perspektiven des jeweiligen Elternteils auch die eigene Perspektive offen legen zu können. Diesem Rahmen wird die Mediation insoweit gerecht, da sie die Eltern als auch die Kinder bzw. Jugendlichen gemeinsam anhört und versucht, akzeptable Lösungswege für jeden Beteiligten eigenverantwortlich zu erarbeiten. So sollten unterschiedliche Auffassungen im Beratungskontext geklärt werden, um eine einvernehmliche und tragfähige Lösung für alle Beteiligten herbeizuführen, die nicht etwa zulasten einer schwächeren Partei getroffen wird (vgl. Struck, 2015, S. 318).

Diese komplexen Interventionsaufgaben stellen eine hohe Anforderung an die beteiligten Fachkräfte, insbesondere an eine sozialpädagogische, (kinder)psychologische als auch rechtliche Ausbildung und erfordert eine Zusammenarbeit der verschiedenen Professionen. Ein Rechtsanspruch auf eine Beratung „bezieht sich auf den Einsatz fachlich anerkannter Verfahren" (Struck, 2015, S. 319). Aufgrund dieses Ansatzes hat die Mediation in den letzten Jahren an Bedeutung gewonnen (vgl. Struck, 2015, S. 319). Hierbei stellt der Prozess der Kooperation eine besondere Herausforderung an die Beteiligten dar. Zwar geht die Mediation von einem sogenannten Machtgleichgewicht der Partner aus, was jedoch oftmals nicht gegeben ist. Vielfach werden ökonomische oder soziokulturelle Ungleichgewichte erkennbar. Ebenso wird eine kontroverse Diskussion darüber geführt, ob und inwieweit Kinder bzw. Jugendliche zu beteiligen sind (vgl. Struck, 2015, S. 319). Hier wird eine Beteiligung des Kindes bzw. Jugendlichen für die Bereiche, die seine Belange unmittelbar betreffen, wie beispielsweise die elterliche Sorge oder Umgang, gefordert.

5 Folgen von Trennung und Scheidung

5.1 Folgen für die Eltern

Letztendlich stellt eine Trennung bzw. Scheidung ein über Jahre andauernder Prozess dar, dem konfliktreiche Jahre der Trennung vorausgegangen sind (vgl. Schneewind, 2010, S. 168 ff.). Der Scheidungsprozess lässt sich in insgesamt sechs Stationen einteilen, wobei sich die einzelnen Stationen durchaus überlappen können: 1. Die emotionale-, 2. die rechtliche-, 3. die ökonomische-, 4. die ko-elterliche-, 5. die gemeindebezogene- und 6. die psychische Scheidung. Im Rahmen des Kindschaftsrecht ist insbesondere die emotionale- als auch die ko-elterliche Scheidung hervorzuheben. So ist die emotionale Scheidung durch einen Verlust von positiver Emotionalität, offener Kommunikation und einem gekränkten Verhalten der (Eltern) Partner gekennzeichnet. Die ko-elterliche Scheidung konzentriert sich darüber hinaus auf die Sorge- und Umgangsregelungen und nimmt somit einen gravierenden Einfluss auf das kindliche Erleben.

Dabei wird die Trennung von Belastungssymptomen wie Minderwertigkeitsgefühle, Trauer und Depressivität bis hin zur Aggressivität, Hass und Rache begleitet (vgl. Dettenborn/Walter, 2016, S. 197). Aus geschlechtsspezifischer Sicht reagieren Männer zunächst heftiger und aggressiver auf das Ereignis, erscheinen jedoch eher in der Lage, sich wieder zu stabilisieren. Frauen scheinen dagegen eher in der Lage, ihre Aggressivität zu verdrängen.

5.2 Folgen für das Kind

Auch von dem Kind werden in den einzelnen Phasen unterschiedliche Anpassungsleistungen verlangt (vgl. Dettenborn/Walter, 2016, S. 198). Hierbei bildet das jeweilige Alter des Kindes einen wichtigen Aspekt (vgl. Schneewind 2010, S. 168 ff.). Ein Kleinkind reagiert oft mit Bindungsängsten, Kinder im Alter von drei bis fünf beziehen aufgrund ihres Alters typisch egozentrischen Denkens den Fortgang eines Elternteils als ihre Schuld, im Alter zwischen sechs und acht verstehen sie allmählich die Konflikte zwischen ihren Eltern, im Alter zwischen neun und zwölf entwickeln sie trotz des Verständnisses Ambivalenzgefühle gegenüber ihren Eltern und reagieren ihrerseits mit Loyalitätskonflikten. Erst als Jugendliche sind sie in der Lage, den Prozess zu überblicken.

5.3 Eingeschränkte Eltern-Kind-Beziehung

Um den Herausforderungen des Erziehungsalltags gewachsen zu sein, sollten Eltern zum Wohle ihrer Kinder ein gut funktionierendes Team bilden (vgl. Schneewind 2010, S. 163). Für eine gesunde Persönlichkeitsentwicklung des Kindes sollten die Eltern deshalb wichtige entwicklungsfördernde Grundvoraussetzungen wie persönliche, emotionale, soziale sowie moralische Fertigkeiten schaffen (vgl. Schneewind 2008, S. 135).

Treten anhaltende elterliche Konflikte auf, wirkt sich diese Situation negativ auf die Kinder aus und sie sind bestrebt, möglichst schnell für eine Wiederherstellung der positiven Elternbeziehung zu sorgen (vgl. Schneewind 2010, S. 165 f.). Dabei treten elterliche Konflikte in unterschiedlicher Häufigkeit und Intensität auf. Die vorherrschenden Konfliktstile zwischen den Eltern werden auf den Umgang mit dem Kind übertragen und äußern sich in elterlicher Feindseligkeit. Als Erklärung für das Ausdehnen der Elternkonflikte auf das Kind, dem sogenannten Spill-over Effekt, gilt die Umlenkung des Partnerkonflikts auf die Eltern-Kind-Beziehung. Dabei übernimmt das Kind das Konfliktverhalten seiner Eltern als Verhaltensmodell. Während der Partnerkonflikte kann es u. a. zu einem divergierenden Erziehungsverhalten der einzelnen Partner/Elternteile kommen.

5.4 Mangelnde Bindungsqualität

Der Bindungsbegriff wird von Juristen und Psychologen unterschiedlich definiert (vgl. Dettenborn/Walter, 2016, S. 37 ff.). Während der Jurist unter einer Bindung eher eine Beziehung versteht, versteht der Psychologe hierunter „das evolutionär entstandene Bedürfnis nach Nähe und ungehindertem Zugang zu einer Schutz und Unterstützung gewährenden Bezugsperson" (Dettenborn/Walter, 2016, S. 37). Im Falle familiärer Konflikte wird das einst entstandene emotionale Band beschädigt. Gründe hierfür finden sich darin, dass entweder eine Bindungsperson entfällt oder sich weniger feinfühlig und zugewandt verhält. Hierbei bedeutet eine Trennung von einer Bindungsperson bzw. ein Aufenthaltswechsel ein schmerzhaftes Verlusterleben verbunden mit Angst, Hilflosigkeit, Kontrollverlust, Trauer, Verunsicherung und Wut. Eine Gefährdung von Bindungen zieht vielfach eine emotionale Störung nach sich und birgt somit die Gefahr von Risikofaktoren für eine Persönlichkeitsentwicklung. Zudem kann ein Mangel des Fürsorgeverhaltens einer Bindungsperson die Erziehungsfähigkeit beeinträchtigen (vgl. Dettenborn/Walter, 2016, S. 40 f.). Aufgrund eines mangelnden Feinfühligkeitsverhaltens, welches ergänzend zum Bindungsverhalten verstanden wird, ist die Bindungsperson kaum in der Lage, die Signale des Kindes wahrzunehmen, sie zu interpretieren und darauf situations- bzw. altersgerecht zu reagieren.

5.5 Häusliche Gewalt

Kinder sind aufgrund ihrer emotionalen, sozialen als auch ökonomischen Abhängigkeit besonderes von einer häuslichen Gewalt betroffen, weshalb sie auf eine Beziehungsgewalt unterschiedlich reagieren (vgl. Gläßner, 2008, S. 246 ff.). So können sie in Form einer Flucht aus der Situation oder dem Versuch, die Mutter und Geschwister vor dem gewalttätigen Vater zu schützen, notfalls auch durch Gewaltanwendung gegen den Vater, der Situation entgegentreten. Oftmals gehen hiermit Emotionen einher, wie Angst um die Mutter, Geschwister und sich selbst, Wut auf die Mutter, die als Ursache für den Gewaltausbruch verantwortlich gemacht wird, Hass gegenüber dem Vater als Aggressor bis hin zum Mitleid oder Verachtung gegenüber der Mutter, die nicht in der Lage erscheint, die Gewaltsituation zu beenden. Hieraus resultiert wiederum ein Gefühl von Hilflosigkeit, Ohnmacht, Einsamkeit, Schutzlosigkeit, Angst verlassen zu werden oder selber für die Gewalt verantwortlich zu sein. Oftmals werden diese Schuldgefühle durch eine Instrumentalisierung verstärkt. Die Kinder werden dazu missbraucht, dass die Frau bzw. Mutter zurückkehrt, bis zur Androhung, die Kinder zu entführen. Aufgrund solcher andauernden psychischen Belastungen verbunden mit einer instabilen sowie unberechenbaren häuslichen Atmosphäre, dem fehlenden elterlichen Schutz, dem Verbot, sich anderen nicht anvertrauen zu dürfen sowie den hieraus resultierenden Loyalitäts- und Identifikationskonflikten entwickeln Kinder nicht selten eine Verachtung gegenüber ihren Eltern. Dies wiederum hat einen Verlust der Eltern-Kind-Beziehung zur Folge. Die fehlende elterliche Zuwendung aufgrund eigener physischer sowie psychischer Gewaltauswirkungen verbunden mit einer Überforderung der Trennungssituation oder einer Zurücklassung des Kindes, stellt eine extreme Belastungssituation für das Kind dar. Die Auswirkungen einer häuslichen Gewalt hängen insbesondere vom Alter des Kindes ab und reichen von Verhaltensauffälligkeiten über Entwicklungsdefiziten bis hin zu einer posttraumatischen Belastungsstörung. Die erfahrene Gewalt und die internalisierten Geschlechterrollen und Beziehungsmuster nehmen zudem einen gravierenden Einfluss im Erwachsenenalter, indem die Betroffenen entweder selber Gewalt ausüben oder sie erdulden.

Anhand dieser Ausführungen resultiert die Herausforderung an die Trennungs- und Scheidungsmediation, die Kindeseltern wieder zu befähigen, ihre ursächlichen Paarprobleme von der Elternebene zu unterscheiden (vgl. Mähler/Mähler, 2016, S.

687 f.), denn überlagern die Paarkonflikte, gerät das Kindeswohl in Gefahr. Insofern kann die Mediation für die Eltern als auch Kinder von Nutzen sein, um die elterliche Verantwortung trotz ihrer Trennung zu stärken.

6 Konfliktbehandlung im familienrechtlichen Kontext

6.1 Definition von Konflikt

6.1.1 Soziologische Sichtweise

Jedem Konflikt geht ein abweichendes Verhalten einer Person voraus, welches zwar nicht zwingend gegen eine Norm verstößt, aber dennoch als abweichend empfunden wird, wie beispielsweise eine falsche Anschuldigung (vgl. Lamnek, 2007, S. 230 f.). Als abweichend wird somit eine Interaktion zwischen Akteuren verstanden, die auf eine Handlung oder das Unterlassen einer Handlung zurückzuführen ist. Inwieweit die Handlung oder das Unterlassen der Handlung als abweichend betrachtet wird, hängt letztendlich von der Reaktion des Interaktionspartners ab und ist prozesshaft. Ihr folgt eine Empörung auf die Handlung, da sie nicht mit dem Verhaltensmuster der anderen Person vereinbar ist. Somit entsteht ein Spannungszustand zwischen den Beteiligten, der in einer Empörung hierüber mündet. Diese Empörung stellt das Leitsymptom von Konflikten dar.

6.1.2 Psychologische Sichtweise

Aus familienrechtspsychologischer Sicht entsteht ein Konflikt bei einem gleichzeitigen Veränderungsverhalten von Personen, in dem diese ihre unterschiedlichen Bedürfnisse und Interessen zum Ausdruck bringen (vgl. Dettenborn/Walter, 2016, S. 33 ff.). Konflikte entstehen somit aufgrund von Bedürfnissen und sind durch drei Merkmale gekennzeichnet: 1. Unvermeidbarkeit, 2. Belastung und 3. Lösungsdruck. D. h., da Personen unterschiedliche Bedürfnisse haben, ist ein Konflikt unvermeidbar. Dadurch entsteht eine Anspannung, da das eigene Bedürfnis beim Gegenüber auf Widerstand stößt und somit eine bestehende Kontinuität aufgegeben werden muss. Dies lässt einen Lösungsdruck entstehen, da für die entstandene Anspannung nach einer Entspannung durch Ausgleich, Handlungsfähigkeit oder Entscheidung gesucht wird. Fakultativ entsteht eine Eskalationstendenz, wenn Konflikte nicht erkannt werden und an Schärfe zunehmen (vgl. Dettenborn/Walter, 2016, S. 34 f.). Als Beispiel für eine familienrechtspsychologisch relevante Konfliktart gelten u. a. ein Rollen-, Koalitions- und Rivalitätskonflikt. Beim Rollenkonflikt werden die Rollenerwartungen der anderen bewusst nicht akzeptiert oder verschieben sich, wie beispielsweise eine Einschränkung der elterlichen Sorge nach erfolgter Trennung oder die Parentifizierung des Kindes. Koalitionskonflikte entstehen bei einer Verbündung von Personen, wie sie z. B. bei einer Ausgrenzung eines Elternteils durch die Instrumentalisierung des Kindes zu beobachten ist. Rivalitätskonflikte zeichnen sich durch einen unkontrollierten Konkurrenzkampf um die Zuwendung einer Person aus. Hierfür mag als Beispiel der Kampf der Eltern um ihr Kind gelten, der sich zu einem Loyalitätskonflikt im Kind entwickeln kann.

6.2 Konfliktentwicklung bei Trennung und Scheidung

Um die Konfliktentwicklung zu strukturieren, wird der Konflikt in unterschiedliche Eskalationsstufen eingeteilt (vgl. Dettenborn/Walter, 2016, S. 143 f.). Dies dient dazu, ihn besser einer sinnvollen Intervention zuordnen zu können, eine Hochkonflikthaftigkeit zu eruieren sowie Abbruchkriterien beim Hinwirken auf Einvernehmen zu definieren. Bei einem ansteigenden Konfliktniveau ist eine Reduzierung der Kooperation und der sozialen Kompetenzen zu beobachten, verbunden mit einem gleichzeitigen Anstieg der Vulnerabilität wie beispielsweise einer mangelnden Impulskontrolle. Hierbei schwindet die Wahrnehmung des Kindes mit seinen Bedürfnissen und Wünschen. Die bloße Konzentration auf das eigene Interesse führt zu einem Empathieverlust, bei dem das Kind instrumentalisiert, verstrickt und überfordert wird (vgl. Dettenborn/Walter, 2016, S. 144). Des weiteren werden in der Trennungs- und Scheidungssituation oftmals Persönlichkeitsstörungen bzw. psychopathologische Auffälligkeiten aufgedeckt, die bei der Partnerfindung unentdeckt geblieben waren. Um das beobachtbare Verhalten der Konfliktpartner zu beurteilen, wird das Konfliktverhalten deshalb in drei Eskalationsstufen eingeteilt. 1. Wortkonflikte, 2. Konflikthandeln und 3. Hochkonflikthaftigkeit, wobei die einzelnen Stufen aufeinander aufbauen. Auf der Ebene der Wortkonflikte sind Meinungsverschiedenheiten zu finden, wie beispielsweise über Erziehungsstile oder Androhungen von Umgangsverweigerungen (vgl. Dettenborn/Walter, 2016, S. 145 f.). Auf der Konflikthandelsstufe finden sich Einschränkungen bzw. Schikanetendenzen wieder, wie beispielsweise dem Umgangsberechtigten den Zutritt zur Wohnung des betreuenden Elternteils zu verweigern. Hochkonflikthaftigkeit ist durch Gewaltanwendung, Kriminalisierung, gegenseitiges Drohverhalten, Pathologisierung und extremen Belastungen des Kindes gekennzeichnet, bei der die Grenze der Kindeswohlgefährdung erreicht, bisweilen sogar überschritten wird (vgl. Dettenborn/Walter, 2016, S. 146). Da eine einheitliche Definition zu Hochkonfliktfamilien bislang fehlt, wird hier auf die Handreichung des Deutschen Jugendinstituts verwiesen. In dieser Studie werden Trennungs- und Scheidungsfamilien als Hochkonfliktfamilien eingestuft, wenn das Konfliktniveau so hoch erscheint, dass zumindest bei einem Elternteil eine Beeinträchtigung auf der Verhaltens- und/oder Persönlichkeitsebene vorliegt. Diese Beeinträchtigung bezieht sich sowohl auf die Beziehung der Eltern untereinander als auch auf das Kind. Eine Intervention erscheint deutlich erschwert und eine Belastung für das Kind gilt als wahrscheinlich (vgl. Dietrich/Fichtner/Halatcheva/Sander/Weber, 2010, S. 12). Gemäß dieser Studie nehmen ca. fünf % aller Trennungen und Scheidungen einen hochkonflikthaften Verlauf (vgl. Dietrich/Fichtner/Halatcheva/Sander/Weber, 2010, S. 10).

Verstärken sich die Elternkonflikte setzt dies eine Dynamik in Gang, in der der Konflikt immer mehr an emotionalem Raum einnimmt, Wahrnehmungen verzerrt und Einstellungen rigider werden lässt (vgl. Dettenborn/Walter, 2016, S. 189 f.). Zu Beginn dieses Prozesses ist ein kooperatives Verhalten durchaus möglich (Win-win-Lösung). Im weiteren Verlauf gilt nur noch einer als Gewinner (Win-lose-Lösung) und am Ende des Prozesses sind beide Seiten bereit, schmerzhafte Verluste in Kauf zu nehmen, um dem anderen Schaden zuzufügen (Lose-lose-Lösung). Dazu wird die eigene Schwäche auf den anderen Elternteil projiziert. Aufgrund sich aufstauender negativer Affekte wie Wut und Ärger kommt es schließlich zu einem emotionalen Durchbruch, der wiederum als schuldhaft erlebt wird und somit eine Frustration hervorruft. Auf diese Frustration folgt ein Rechtfertigungsdruck, der wiederum zu einer Projektion auf das andere Elternteil führt. Die Dynamik gewinnt an Fahrt, indem der Konflikt auf weitere Konfliktfelder und Personen ausgedehnt wird. Es bilden sich Stereotypen heraus, um die Komplexität zu vereinfachen. Ursachen und Wirkungen werden von den Beteiligten unterschiedlich interpretiert. Das so entstehende Negativbild des jeweils anderen verfestigt sich und wird zunehmend bestätigt. Antriebsmotor ist Misstrauen und Handlungsziel, ist einen Vorsprung zu erlangen, was letztendlich zu einem Vertrauensdilemma führt.

Wird diese Konfliktdynamik unterschätzt, kann der geforderte Kontakterhalt des Kindes zu seinen Eltern zu einem Risiko für das Kind werden (vgl. Dettenborn/Walter, 2016, S. 189).

6.3 Konfliktstile

Dabei lösen insbesondere die chronisch ungelösten elterlichen Konflikte Verhaltensauffälligkeiten bei Kindern aus, insbesondere dann, wenn die Kinder selber zum Gegenstand des Konflikts werden (vgl. Schneewind, 2010, S. 165 f.). Externalisierende Verhaltensauffälligkeiten wie aggressives oder antisoziales Verhalten bzw. internalisierendes Verhalten wie ängstliches oder depressives Verhalten sind oftmals die Folgen. Werden die Elternkonflikte auf eine konstruktive Weise ausgetragen, ergibt sich hieraus ein positiver Modellierungseffekt für Kinder.

Interparentale Konflikte treten in unterschiedlicher Häufigkeit und Intensität auf, wobei fünf unterschiedliche Konfliktstile zu beobachten sind. 1. Der offene Konflikt, der durch Verachtung, Drohen oder Prügeln gekennzeichnet ist und 2. der verdeckte Konflikt, welcher sich durch eine Triangulation oder durch ein sogenanntes verdecktes Verhalten wie Unmut auszeichnet. 3. Der vermeidende Konfliktstil ist gekennzeichnet durch eine Verneinung von Differenzen. 4. Der Rückzug als Konfliktstil, welcher sich in einem Schweigen oder Verweigern vom Zuhören äußert und schließlich 5. der kooperative Konfliktstil, der durch Zuhören, Aushandeln, Kompromisse schließen und die Kinder außen vor lassen gekennzeichnet ist.

6.4 Das Hinwirken auf Einvernehmen im Hochkonflikt

Eine Hochkonflikthaftigkeit mindert zwar die Erfolgschancen eines Hinwirkens auf Einvernehmen gemäß § 156 FamFG, schließt sie jedoch nicht aus (vgl. Dettenborn/Walter, 2016, S. 153 f.). Da ein Hinwirken auf Einvernehmen auf die Bereitschaft von Verhaltensveränderungen setzt, was bei einer Hochkonflikthaftigkeit nur begrenzt möglich ist, besteht einerseits die Gefahr, dass der Konflikt verlängert statt gelöst wird und andererseits, dass mögliche Ressourcen der Beteiligten nicht erkannt werden und somit die Möglichkeit einer einvernehmlichen Lösung ungenutzt bleibt. Dabei ist von den Fachkräften einzuschätzen, wie lange auf ein Einvernehmen hingewirkt werden kann, und ob dies unter sowohl fachlichen als auch ethischen Gesichtspunkten zu verantworten ist. Da hierzu keine rechtliche Regelung getroffen wurde, erscheint bei einer sich abzeichnenden Erfolglosigkeit ein Abbruch als erstrebenswert. Die Konfliktpartner werden an das Familiengericht verwiesen, welches in Kooperation mit der Jugendhilfe über unterschiedliche Interventionsmöglichkeiten verfügt. Dabei können sich die Interventionsmöglichkeiten sowohl disziplinierend als auch verhaltensbegrenzend auswirken. Der so erzeugte Druck führt dazu, die Intervention anzunehmen. Allerdings ist hierbei wiederum eine genaue Einschätzung des Konfliktniveaus erforderlich.

Da die Mediation darauf abzielt, die Interessen und Bedürfnisse hinter den Streitthemen zu eruieren und die Beteiligten bei der Suche nach einer einvernehmlichen Lösung zu unterstützen, wurde durch das Mediationsgesetz eine verbindliche Grundlage geschaffen (vgl. Dettenborn/Walter, 2016, S. 157). Allerdings stoßen insbesondere Hochkonfliktfamilien hierbei schnell an ihre Grenzen, wenn die explizit formulierten Abbruchkriterien, wie mangelnde Fairness und Offenheit, Gewaltandrohungen und Machtungleichgewicht erkennbar werden (vgl. Dettenborn/Walter, 2016, S. 157). Bleiben diese Kriterien unentdeckt, besteht die Gefahr, dass die Mediation ins Leere läuft bzw. nur zu Kurzzeiteffekten führt. Zudem ist bei Hochkonfliktfamilien von einer Ablehnung gegenüber einem Mediationsverfahren auszugehen, weshalb der Begriff der Freiwilligkeit klar abzugrenzen ist (vgl. Dettenborn/Walter, 2016, S. 157).

7 Besondere Konflikte in der Familienmediation

7.1 Kindeswohl und Kindschaftskonflikte

7.1.1 Das Kindeswohl

Der Begriff des Kindeswohls gilt als ein unbestimmter Rechtsbegriff und ist dennoch von zentraler Bedeutung (vgl. Dettenborn/Walter, 2016, S. 68 ff.). Er findet seine Anwendung sowohl in gerichtlichen Entscheidungen als auch im Kinder- und Jugendhilferecht und dient dem Schutz des Kindes. Dettenborn und Walter definieren ihn unter familienrechtspsychologischen Aspekten, als eine förderliche Beziehung zwischen den Bedürfnissen und Lebensbedingungen eines Kindes bzw. Jugendlichen zu seiner optimalen Persönlichkeitsentwicklung (vgl. Dettenborn/Walter, 2016, S. 70). So zählen zu der Bedürfnislage eines Kindes physiologische Bedürfnisse nach Nahrung und Pflege, ein Sicherheitsbedürfnis, emotionale Zuwendung und sichere Bindung, soziale Bedürfnisse wie Umwelterkundung, Zugehörigkeit, Anerkennung und Orientierung sowie Selbstbestimmung und Selbstverwirklichung (vgl. Dettenborn/Walter, 2016, S. 72).

Aufgrund der unterschiedlichen Funktionen wird der Begriff Kindeswohl in drei Varianten unterteilt, in 1. Best- und 2. Genugvariante sowie in 3. der Gefährdungsabgrenzung (vgl. Dettenborn/Walter, 2016, S. 72).

Bei einem Antrag auf Übertragung der elterlichen Sorge auf einen Elternteil entspricht die Bestvariante dem Kindeswohl, welcher Elternteil dem Wohl des Kindes am Besten entspricht (vgl. Dettenborn/Walter, 2016, S. 73 ff.). Bei der Genugvariante reicht eine günstige bzw. erhaltende Sorgerechtsausübung oder Umgang aus, wogegen bei der Gefährdungsabgrenzung Maßnahmen zur Abwendung der Gefährdungssituation angekündigt werden.

Als Beurteilungskriterium zur Regelung der elterlichen Sorge spielen das Kontinuitätsprinzip, die Bindung bzw. Beziehungen des Kindes, die Beziehungen des Kindes zu seinen Geschwistern, der Wille des Kindes, die Erziehungsfähigkeit, die elterliche Kooperationsfähigkeit als auch die Kooperationsbereitschaft sowie die elterliche Bindungstoleranz eine wichtige Rolle.

Das Kontinuitätsprinzip ist auf das Bedürfnis des Kindes nach gleichbleibenden Lebensverhältnissen ausgerichtet (vgl. Dettenborn/Walter, 2016, S. 208). Diese richten sich insbesondere auf den Erhalt der Betreuungs- als auch Erziehungsperson, dem sozialen Umfeld und der räumlichen Kontinuität. Das Bindungs- bzw. Beziehungsverhältnis bezieht sich auf die soziale Interaktion des Kindes mit seinen Eltern und ist durch Abgrenzung, Privatheit und Nähe gekennzeichnet (vgl. Dettenborn/Walter, 2016, S. 210 f.). Geschwisterbeziehungen zeichnen sich durch Zusammenhalt, Sympathie, einer speziellen Sprache, einer Verteidigung gegen die Außenwelt, eigene Konfliktlösungsstrategien sowie besonderen Vergebungsritualen aus (vgl. Dettenborn/Walter, 2016, S. 213 ff.). Der Wille des Kindes wird anhand einer klar geäußerten Sprache verbunden mit einem gleichzeitigen übereinstimmenden Verhalten erkennbar (vgl. Dettenborn/Walter, 2016, S. 215 ff.). Bei der Frage der Erziehungsfähigkeit ist insbesondere bei einer Sorgerechtsregelung abzuklären, welcher Elternteil die Fähigkeiten des Kindes am besten fördern kann (vgl. Dettenborn/Walter, 2016, S. 217 f.). Hierbei sind auch Bewertungskriterien wie Erziehungsverhalten und Ziele sowie die Einstellungen und Kompetenzen mit einzubeziehen und welcher Elternteil diesen Bedürfnissen des Kindes am besten gerecht wird. Die elterliche Kooperationsfähigkeit als auch Bereitschaft bilden ebenso wie die elterliche Bindungstoleranz einen Teilaspekt der Erziehungsfähigkeit (vgl. Dettenborn/Walter, 2016, S. 218). Eine Bindungstoleranz drückt die Bereitschaft eines Elternteils aus, den Kontakt des Kindes mit dem anderen Elternteil zu fördern (vgl. Dettenborn/Walter 2016, S. 222). Äußert das Kind in der Trennungs- bzw. Scheidungssituation den Wunsch nach einem Kontakt zu beiden Elternteilen, kann von einer positiven Bindungstoleranz ausgegangen werden. Lehnt es dagegen den Kontakt zu einem Elternteil ab, sollte der Frage nachgegangen werden, ob eine Verweigerung aufgrund negativer Erfahrungen zurückzuführen ist, oder ob die ablehnende Haltung durch eine bewusste oder unbewusste Manipulation durch den betreuenden Elternteil hervorgerufen worden ist.

7.1.2 Misslungene Sorgerechtsregelung

Können Eltern die bestehende Sorgerechtsegelung nicht akzeptieren, zeigen sie sich in ihrer Kooperations- als auch Erziehungsfähigkeit deutlich geschwächt (vgl. Dettenborn/Walter, 2016, S. 193). Anstatt sich gegenseitig bei der Erziehung und Betreuung des Kindes zu unterstützen, erschwert ein Elternteil jeweils die Erziehung des anderen. Zudem schwächen das Konfliktniveau sowie das gerichtliche Verfahren die elterlichen Kompetenzen. Dann zeigen Eltern sich gegenüber ihrem Kind weniger feinfühlig und unterstützend, was sich für das Kind als besonders problematisch erweist, wenn der betreuende Elternteil einen Mangel an Kompetenzen aufweist, der bis hin zu einer Kindeswohlgefährdung reichen kann. Eine misslungene Sorgerechtsregelung birgt beim Kind zudem die Gefahr einer verzögerten Bewältigung der Trennungsphase und provoziert Fehlentwicklungen (vgl. Dettenborn/Walter, 2016, S. 196).

Die Eltern reagieren auf die anhaltenden und destruktiven Auseinandersetzung mit einer emotionalen Belastung (vgl. Dettenborn/Walter, 2016, S. 196). So wird zum einen die Verarbeitung der Trennung erschwert und zum anderen eine Überwindung der Trennungssituation verzögert. Insbesondere der betreuende Elternteil gerät in eine Überforderungssituation, wenn er die Folgen einer Fehlanpassung des Kindes auffangen muss. Dagegen büßt der umgangsberechtigte Elternteil aufgrund des anhaltenden Konflikts oftmals die Beziehung zum Kind ein.

7.1.3 Misslungene Umgangsregelung

Hält der umgangsberechtigte Elternteil einen Kontakt zu seinem Kind, nimmt er weiterhin an seinem Leben teil und verringert für sich das Gefühl, sein Kind verloren zu haben (vgl. Dettenborn/Walter, 2016, S. 251ff.). Inwieweit der Umgangsberechtigte jedoch die Vorteile des Umgangs umsetzt, hängt im Wesentlichen von seiner Motivation ab. Aber auch die Dynamik des Konfliktverlaufes trägt entscheidend zur Umgangsmotivation bei. Faktoren für einen misslungenen Umgang finden sich sowohl beim betreuenden- als auch beim umgangsberechtigten Elternteil wieder.

So verhindert der betreuende Elternteil aufgrund einer Kränkung des anderen einen Umgang. Die fehlende Akzeptanz, dass das Kind auch dem anderen Elternteil zugetan ist sowie Verlustängste nun auch das Kind zu verlieren, beflügeln eine Unterbindung. Zudem stellt sich eine Sorge über eine mögliche Einflussnahme auf das Kind ein. Aber auch ein Vergessenwollen oder ein Abgrenzen einer neuen Partnerschaft von der vorherigen, Bequemlichkeit und eine Verweigerung anzuerkennen, dass die subjektiven Interessen widersprüchlich zu den Interessen des Kindes stehen, erschweren einen Umgang.

Auf der Seite des Umgangsberechtigten führen häufig ein Desinteresse sowie eine Einschränkung der gewonnenen Freiheit zu einer Umgangsblockade (vgl. Dettenborn/Walter, 2016, S. 251 ff.). Nicht selten kann auch eine Resignation sowie eine Rivalität eines neuen Lebenspartners als Hindernis angesehen werden. Aber auch eine Furcht vor der Ablehnung des Kindes sowie ein Vergeltungsschlag gegen die Familie können Gründe hierfür bergen. Und schließlich kann ein Rückzug nach wiederkehrenden Bemühungen, die vom betreuenden Elternteil erfolgreich unterbundenen Umgangskontakte und als Entlastung für das Kind bezeichnet werden, eine Blockade zur Folge haben.

Diese Reaktionen lassen darauf schließen, dass eine Trennung der Elternebene von der Paarebene nicht stattgefunden hat (vgl. Walter/Dettenborn, 2016, S. 251 ff.). Es werden die eigenen Interessen klar über das Interesse des Kindes gestellt. Aufgrund einer mangelnden rationalen Kommunikation und Kooperation sowie einer Beeinflussung des Kindes wird die Konfliktdynamik in Gang gesetzt. Das Abwerten eines Elternteils, die Zuschreibung moralisch fragwürdiger Fakten bis hin zur Psychiatrisierung und Kriminalisierung befeuern den Konflikt zusätzlich. Der betreuende Elternteil erhält einen Machtvorsprung, indem er u. U. das Aufenthaltsbestimmungsrecht ausübt. Der Umgangsberechtigte wiederum hält sich nicht an Absprachen, verzögert die Rückgabe des Kindes oder nutzt den Umgang zur Gegenerziehung.

Für das Kind ist ein Umgang unter solchen Umständen mit einer sogenannten Doppelbindung verbunden, was zu belastenden Dissonanzen führt. Die widersprechenden Mitteilungen eines Elternteils, wie Argumente gegen einen Umgang und einer gleichzeitigen Aussage, den Umgang nicht verhindern zu wollen, führen beim Kind zu enormen Belastungen, weshalb es schließlich selber einen Umgang ablehnt (vgl. Walter/Dettenborn, 2016, S. 253).

Das Kind erlebt das Ausmaß je nach Dauer der Konflikte, seines Alters, der Bindung an seine Eltern sowie der Verfügbarkeit und Unterstützung der Bezugsperson unterschiedlich (vgl. Dettenborn/Walter, 2016, S. 253). Die inneren Konflikte münden in Schuldgefühle, weshalb es bemüht ist, einen Ausweg aus dem Dilemma zu finden. Hierbei findet oftmals eine Überidentifikation mit dem betreuenden Elternteil statt und dient letztlich seinem Erhalt von Zuwendung und Liebe. Im weiteren Sinne führt die Überidentifikation dazu, dass das Kind seine eigenen Bedürfnisse zugunsten des betreuenden Elternteils aufgibt (Parentifizierung). Um den betreuenden Elternteil nicht zu enttäuschen, ist das Kind daran gehindert, eine Kontaktaufnahme zum Umgangsberechtigten aufrecht zu halten. Das Kind begründet seine Ablehnung anhand moralischer Normen sowie einer subjektiv übernommenen „Wahrheit" durch den betreuenden Elternteil. Ein junges Kind (Kleinkind) bewältigt die beschriebene Polarisierung unkritisch und weniger belastend. Es fordert seine Bedürfnisse unbefangen ein, wogegen ein Kind mittleren Alters (Schulalter) bereits aufgrund seiner erworbenen Sozialkompetenz in der Lage ist, die Konfliktsituation aus der Perspektive anderer Beteiligter wahrzunehmen und ein Unrecht eruieren kann. Hieraus resultiert der Versuch, im elterlichen Streit eine Schiedsrichterrolle zu übernehmen. Ältere Kinder und Jugendliche verfügen bereits über eigene Einstellungen zum elterlichen Konflikt, weshalb sie sich den Einflussversuchen der Eltern entziehen können bzw. aufgrund eines altersbedingten Ablösungsprozesses geschützt sind.

7.2 Beziehungsgewalt

Eine Beziehungsgewalt kann sich in physischer, psychischer, sexueller oder in Mischformen äußern und unterscheidet sich sowohl in Häufigkeit als auch Intensität (vgl. Dettenborn / Walter, 2016, S. 372). Sie wird sowohl von Männern als auch Frauen bzw. wechselseitig ausgeübt (vgl. Dettenborn/Walter, 2016, S. 372). Dabei ist ein deutliches Ansteigen von Gewalt während Trennungen bzw. Trennungsversuchen zu verzeichnen (vgl. Gläßer, 2008, S. 214 f.). Als Grund hierfür gilt, dass der gewaltbereite Partner glaubt, die Aufmerksamkeit und Zuwendung des Anderen zu verlieren bzw. die vollständige Kontrolle zu verlieren droht.

Um eine Beziehungsgewalt zu erkennen, sind besondere Verfahren notwendig (vgl. Gläßer, 2008, S. 356 ff.). Ist die Beziehungsgewalt bereits vor der Mediation bekannt, kann der Mediator entsprechende Vorkehrungen zur Vorbereitung auf das Verfahren treffen. Da jedoch oftmals eine Beziehungsgewalt erst im Laufe des Verfahrens offenkundig wird, sollte bei jeder Familienmediation ein sogenanntes Screening durchgeführt werden, um das Phänomen zu eruieren (vgl. Gläßer, 2008, S. 358 f.). Dies kann mittels eines Fragebogens oder Vorgespräches ermittelt werden (externe Verfahrensgestaltung). Anhand des Fragebogens, den jeder Partner getrennt ausfüllt, wird spezifisch nachgefragt, ob und wie häufig Gewalthandlungen wie beispielsweise Beleidigungen und/oder Isolation usw. in der Beziehung vorfallen (vgl. Gläßer, 2008, S. 379). Anschließend wird im Falle einer vorliegenden Beziehungsgewalt in einem Einzelgespräch gezielt nachgefragt und ein ausführliches Aufklärungsgespräch durchgeführt. Insbesondere soll hierbei die Möglichkeit angeboten werden, sich mit dem Mediator ohne die Anwesenheit der anderen Partei auszutauschen (vgl. Gläßer, 2008, S. 105). Nicht selten ergeben die Auswertungen divergierende Aussagen der Konfliktparteien (vgl. Gläßer, 2008, S. 364). Eine andere Variante nach einer möglichen Beziehungsgewalt zu fragen ist, in einem persönlichen Vorgespräch das Thema Gewalt zu integrieren (vgl. Gläßer, 2008, S. 370). Der Vorteil hierbei ist, gezieltes Nachfragen nach Gewalt als Routinemaßnahme darzustellen und so dem Medianden die Möglichkeit zu geben, diesem Thema offener zu begegnen. Hierbei ist jeder – auch noch so harmlos erscheinender – Hinweis ernst zu nehmen. Ein Screening ist grundsätzlich während des gesamten Mediationsverlaufs durchzuführen. Deshalb sollte der Mediator seinen

Blick auch gezielt auf die nonverbale Kommunikation richten (interne Verfahrensgestaltung). Eine Co-Mediation bietet eine verfeinerte Variante eine Gewaltbeziehung aufzudecken, da mindestens zwei Mediatoren an dem Setting teilnehmen (vgl. Gläßer, 2008, S. 412).

7.3 Binationale Kindschaftskonflikte

Bei einer binationalen Elternschaft führen unterschiedliche Nationalitäten und die damit verbundenen divergierenden kulturellen als auch gesellschaftlichen Auffassungen zu einer Verschärfung des Trennungs- und Scheidungskonflikts (vgl. Mähler/Mähler, 2016, S. 702). Sprachbarrieren befeuern den Konflikt zusätzlich. Trennen sich binationale (Ehe)Partner und ein Elternteil kehrt ohne die Erlaubnis des anderen Elternteils mit dem gemeinsamen Kind in seine Heimatland zurück, eskaliert der Konflikt (vgl. Paul/Kiesewetter, 2009, S. V).

Eine besondere Herausforderung bilden neben einem zu überwindenden Zeitdruck und Distanz (vgl. Schwartz, 2009, S. 110 f.), ein Misstrauen gegenüber dem fremden Rechtssystem (vgl. Schwartz, 2009, S. 109) sowie die sprachlichen und kulturellen Unterschiede (vgl. Schwartz, 2009, S. 110). Zudem laufen die am Verfahren beteiligten Professionen Gefahr, den Konflikt anhand ihrer kulturell geprägten Sicht wahrzunehmen, ohne dabei die Sichtweise des aus dem anderen Kulturkreis stammenden Elternteils einnehmen zu können, weshalb der Konflikt letztendlich unbearbeitet bleibt (vgl. Carl/Alles, 2009, S. 117 f.). Und schließlich können in unterschiedlichen Ländern gegensätzliche Entscheidungen getroffen werden, weshalb eine Mediation in internationalen Kindschaftssachen zunehmend in Betracht gezogen wird (vgl. Mähler/Mähler, 2016, S. 702).

8 Interventionen

8.1 Abgrenzung von Therapie, Beratung und Mediation

In Zeiten sich rasch wandelnder und zudem hochkomplexen Lebensverhältnissen verwundert es nicht, wenn Einzelne oder Familien bei der Bewältigung von Herausforderungen und Krisen zunehmend einen Bedarf an angemessener Unterstützung benötigen (vgl. Schneewind, 2010, S. 295). Dabei ist eine Abgrenzung zwischen Therapie und Beratung insofern schwierig, da ihr Übergang fließend ist (vgl. Schneewind, 2010, S. 295). Eine Therapie wird meist dann empfohlen, wenn einzelne Familienmitglieder Symptome aufweisen, die entweder von der Familie selbst oder von den Institutionen des Rechtssystems, der Schule etc. als behandlungsbedürftig eingestuft werden, da sie als deviant, dysfunktional oder gestört gelten (vgl. Schneewind, 2010, S. 270 f.).

Die Beratung hingegen akzentuiert die Lebenswelt des Einzelnen und unterstützt bei Orientierungsproblemen und Konflikten. Sowohl die Therapie als auch die Beratung orientieren sich an der Kommunikation, weshalb die Therapie als „Heilung durch Kommunikation" und die Beratung als „Orientierung durch Kommunikation" differenziert werden (vgl. Schneewind, 2010, S. 295).

Die Mediation hingegen konzentriert sich weder auf Heilung noch auf Klärung, sondern auf die eigenverantwortliche Erzielung einer einvernehmlichen Lösung einerseits und andererseits die Beziehung neu zu organisieren (vgl. Mähler/Mähler, 2016, S. 677). Sie konzentriert sich auf bestimmte Streitthemen und schließt – insbesondere im familiengerichtlichen Kontext - sowohl rechtliche als auch psychologische Aspekte ein (vgl. Dettenborn/Walter, 2016, S. 158). Hierbei soll das Wissensgefälle zwischen dem Mediator und dem Medianden ausgeglichen werden, um so Einsichten zu fördern, die zu einer anschließenden Verhaltensänderung im Konfliktverhalten führen. Dabei ist die Mediation an strukturelle Vorgaben gebunden.

Die Medianden ihrerseits sollten über ein Mindestmaß an Empathie verfügen, was jedoch häufig aufgrund fehlender Selbstreflexion sowie durch Emotionen wie Hass und Wut nicht vorhanden ist. Zudem sind hochkonflikthafte Eltern eher dazu geneigt, Anwälte für ihr Anliegen aufzusuchen, da sie Berater als auch Mediatoren oftmals als eine Bedrohung an der Seite des Konfliktpartners verstehen (vgl. Dettenborn/Walter, 2016, S. 158). Auf Fragen nach den betroffenen Kindern können sie vielfach keine Antwort geben, weshalb geeignete Interventionen, die das Kind angemessen mit einbeziehen, unabdingbar sind. Aufgrund der Konflikthaftigkeit der Eltern finden die Bedürfnisse der Kinder kaum Beachtung, weshalb ihr Selbstwertgefühl ebenso wie das Selbstwirksamkeitserleben stark beeinträchtigt ist. Um das Kind bei der Konfliktbewältigung zu unterstützen, sind mit ihm Bewältigungsstrategien zu entwickeln, da es diese nicht von seinen Eltern erlernen kann.

8.2 Familienmediation

8.2.1 Trennungs- und Scheidungsmediation

Seit der Einführung des FamFG nimmt das Kind eine zentrale Stellung im Verfahren ein und ist in die Beratungsarbeit bzw. Mediation mit einzubeziehen (vgl. Weber/Alberstötter/Schilling, 2013, S. 444). So unterstreicht die in Kapitel D genannte Rechtsposition des Kindes bei Trennung bzw. Scheidung zum einen die Einbeziehung seiner Perspektive, zum anderen wirft es die Frage nach einer sinnvollen und kindgerechten Einbindung des Kindes in die Mediation auf (vgl. Gläßer, 2008, S. 137 f.). Entgegen der durchaus nachvollziehbaren Meinung, dass die Verantwortung einer gelingenden Trennung bzw. Scheidung bei den Eltern liegt, zumal die Kinder ohnehin schon stark belastet sind, kann entgegengesetzt werden, dass eine Einbeziehung der Interessen und Bedürfnisse der Kinder in der Familienmediation besondere Vorzüge bietet. Allerdings sollte hierbei der Regelungsbedarf sowie Eskalationsgrad zwischen den Eltern einerseits sowie das Alter, der Reifegrad und die Befindlichkeit des Kindes andererseits in den Blick genommen werden. Hierbei hat der Mediator dafür Sorge zu tragen, dass es zu keinem Zeitpunkt zu einer Verantwortungsverlagerung oder Überforderung des Kindes kommt (vgl. Gläßer, 2008, S. 138).

Die Struktur einer typischen Familienmediation in Trennungs- und Scheidungsfamilien wird nach Diez, Krabbe und Thomsen in fünf Prozessstufen eingeteilt, wobei sich die einzelnen Stufen durchaus überlappen können (vgl. Diez/Krabbe/Thomsen, 2009, S. 40). Dies sind die Stufen 1. Einführung, 2. Themensammlung und Gewichtung, 3. Interessen und Bedürfnisse, Konfliktbearbeitung, Optionenentwicklung, 4. Verhandeln, Entscheiden und Vereinbaren und 5. Überprüfen und Inkrafttreten der Vereinbarung.

Dazu werden auf der ersten Stufe (Einführung) Informationen und Bedingungen der Mediation bekannt gegeben und auf die Abgrenzung der Mediation von einer rechtlichen bzw. psychosozialen Beratung bzw. Therapie hingewiesen (vgl. Diez/Krabbe/Thomsen, 2009, S. 40 ff). Anschließend erfolgt eine Information über die Rolle des Mediators und wie dieser die Kommunikation und den Konfliktlösungsprozess unterstützen wird. Auf dieser Stufe versucht der Mediator sich zunächst ein Bild über den aktuellen Stand der Situation zu verschaffen und weist auf die Rolle des Rechts hin. Damit sind beispielsweise bereits vorhandene Verträge oder Vereinbarungen gemeint sowie der Hinweis auf Sicherheits- und Abbruchkriterien. Ebenso können auf dieser Stufe bereits sogenannte Übergangsregelungen, wie beispielsweise der Aufenthalt des Kindes, getroffen werden. Am Ende dieser Stufe, die durchaus auch die Themensammlung mit beinhalten kann, wird der Mediationskontrakt geschlossen.

Auf der zweiten Stufe (Themensammlung und Gewichtung) erfolgt eine Sammlung aller relevanten Regelungs- und Konfliktpunkte mit einer anschließenden Gewichtung (vgl. Diez/Krabbe/Thomsen, 2009, S. 44 ff.). Es empfiehlt sich, statt juristischer Ausdrücke wie z. B. Umgangsrecht, eine positiv assoziierte Sprache, wie Kontakt mit dem Kind zu benutzen. Haben die Medianden gleichlautende Themen, sind sie von jedem entsprechend zu gewichten.

Die dritte Stufe (Interessen und Bedürfnisse, Konfliktbearbeitung, Optionenentwicklung) bildet das sogenannte Herzstück der Mediation, denn hier stellen die Medianden ihre eigenen Interessen und Bedürfnisse heraus, die dann von der jeweils anderen Seite wahrgenommen werden (vgl. Diez/Krabbe/Thomsen, 2009, S. 48 f.). Hierbei ist ein gegenseitiges Verständnis füreinander wichtig, um die Positionen aufzuweichen und anschließend die dahinterliegenden Interessen und Bedürfnisse wahrnehmen zu können (vgl. Diez/Krabbe/Thomsen, 2009, S. 72). In dieser Phase sind die grundlegenden Prinzipien der Mediation, nämlich Autonomie und Respekt voreinander, gefordert, da ansonsten die Gefahr besteht, dass die Eltern nicht gleichermaßen an einer Entwicklung der Zukunftspläne beteiligt sind (vgl. Diez/Krabbe/Thomsen, 2009, S. 49). Hierbei bietet sich die Entwicklung von Optionen an, um den Entscheidungsraum zu vergrößern.

Auf der anschließenden vierten Stufe (Verhandeln, Entscheiden und Vereinbaren) werden zunächst die Maßstäbe von Fairness und Gerechtigkeit festgelegt (vgl. Diez/Krabbe/Thomsen, 2009, S. 53). Anhand der eigenständig festgelegten Kriterien und Maßstäbe sollen die Konfliktparteien ihre getroffenen Vereinbarungen jederzeit überprüfen können (vgl. Diez/Krabbe/Thomsen, 2009, S. 104). Auf dieser Stufe sind im Wesentlichen juristische wie auch materielle Regelungen zu treffen, weshalb an dieser Stelle die Rolle des Rechts geklärt wird (vgl. Diez/Krabbe/Thomsen, 2009, S. 56 f.). Dazu sollten die Medianden ihre Beratungsanwälten konsultieren. Während beispielsweise ein Konfliktpartner das Recht als eine Möglichkeit von vielen sieht, versteht der andere es als einzigen Maßstab, was u. U. neue Aspekte in die bisherige Mediationsarbeit einbringt. Unter Umständen wird auch eine Einbeziehung von weiteren Fachleuten, wie Kinderärzte, Familientherapeuten oder Dolmetschern erforderlich. Insbesondere bei Symptomen von Sucht oder Abhängigkeit sollten Fachleute hinzugezogen werden (vgl. Diez, /Krabbe/Thomsen 2009, S. 118). Zwar wird während des gesamten Mediationsprozesses verhandelt, dennoch hat das Verhandeln auf dieser Stufe seinen festen Platz (vgl. Diez/Krabbe/Thomsen, 2009, S. 121). Hier stellt das Angebotsverhandeln (optionales Verhandeln aus den vorherigen Angeboten) eine fundierte Methode dar. Während dieser Phase sollten Mediatoren einer psychosozialen Basisprofession darauf achten, sich auf den Mediationsauftrag zu konzentrieren und nicht in familientherapeutische Settings zu verfallen (vgl. Diez/Krabbe/Thomsen, 2009, S. 148). Zudem sollten methodische Fragen („Intervention, die bei den Konflikten der Konfliktpartner in der Familie zu tieferem Verständnis der eigenen Bedürfnisse oder der anderen führen kann" (Diez/Krabbe/Thomsen, 2009, S. 143)) ressourcenorientiert gestellt werden sowie Empathie und Respekt beinhalten. Da Fragen Veränderungsprozesse auslösen, die ihre Zeit benötigen, erscheint in diesem Zusammenhang der Zeitfaktor wichtig. Das Angebotsverhandeln sollte abgekoppelt von der Optionsentwicklung stattfinden und Raum für Überlegungen bzw. Überprüfungen bieten (vgl. Diez/Krabbe/Thomsen, 2009, S. 121).

Auf der abschließenden fünften Stufe (Überprüfen und Inkrafttreten der Vereinbarung) werden die gesammelten Ergebnisse der Mediation dann in eine endgültige Form gebracht (vgl. Diez/Krabbe/Thomsen, 2009, S. 60 f.). Gelingt es einen Interessenausgleich zwischen den Eltern zu vereinbaren, profitiert das Kind, was seiner Entwicklung zugutekommt. Insofern leistet die Mediation also einen wertvollen Beitrag zum Kindeswohl.

8.2.2 Einbeziehung von Kindern

Die Mediation sollte das Kind mit einschließen, um seinen Wünschen Rechnung zu tragen. Aus diesem Grund sollten Mediatoren über spezifische kinderpsychologische Erfahrungen verfügen, um angemessen auf die kindlichen Probleme reagieren zu können (vgl. Loschky/Koch, 2013, S. 171 f.). Sie sollten sich nicht nur auf die Regulierung des Konfliktes konzentrieren, sondern ebenso auf dessen Auswirkungen auf das Kind.

Befinden sich demnach Kinder bzw. Jugendliche im Mediationsprozess, sollte der Mediator auf jeder Stufe, in der das Kind einbezogen wird, eine besondere Aufmerksamkeit auf das Kind richten (vgl. Diez/Krabbe/Thomsen, 2009, S. 70 f.). Insbesondere angepasste und fürsorgliche Kinder, die während der Krise ihren Eltern oder Geschwistern helfen möchten, benötigen Unterstützung. Hier bietet eine Co-Mediation ideale Möglichkeiten, indem ein Mediator die Eltern und ein weiterer das Kind unterstützt.

Auf der ersten Stufe (Einführung) erscheint die Einbeziehung des Kindes noch nicht als sinnvoll, da Eltern oftmals aufgrund ihrer Konflikte in ihrer Elternkompetenz geschwächt sind (vgl. Diez/Krabbe/Thomsen, 2009, S. 43).

Auf der zweiten Stufe (Themensammlung und Gewichtung) empfiehlt sich die Einbeziehung des Kindes, um seinen ursächlichen Konflikt darlegen zu können (vgl. Diez/Krabbe/Thomsen, 2009, S. 46 f.). So möchte das Kind gerne wissen, wo es zukünftig leben wird und was mit seinem Haustier geschieht. Hierbei sollte der Mediator darauf achten, dass die Formulierung des Kindes nicht verändert wird. Auf dieser Stufe reagieren Kinder unterschiedlich: Manche Kinder sind enttäuscht, wenn sie erfahren, dass diese Themen von ihren Eltern entschieden werden, andere empfinden eine Erleichterung, keine Entscheidung treffen zu müssen.

Um einer Überforderung des Kindes auf der dritten Stufe vorzubeugen, wird es im ersten Teil dieser Stufe (Konfliktbearbeitung) nicht mit einbezogen (vgl. Diez/Krabbe/Thomsen, 2009, S. 52). Im zweiten Teil der Stufe (Entwicklung von Optionen und Wahlmöglichkeiten) empfiehlt sich dagegen die Einbeziehung des Kindes, da Kinder naturgemäß über viel Fantasie und Kreativität verfügen.

Bei der Entwicklung von Fairness und Gerechtigkeit, vierte Stufe, empfiehlt es sich ebenfalls, das Kind mit einzubeziehen. Da Kinder über einen ausgeprägten Gerechtigkeitssinn verfügen, können sie auch an dieser Stelle einen wertvollen Beitrag leisten (vgl. Diez/Krabbe/Thomsen, 2009, S. 55). Auch das anschließende Angebotsverhandeln (optionales Verhandeln aus den vorherigen Angeboten) bereitet Kindern Spaß (vgl. Diez/Krabbe/Thomsen, 2009, S. 121). Allerdings sollte der Mediator beachten, dass besonders Kinder Zeit zum Nachdenken benötigen, um methodische Fragen beantworten zu können (vgl. Diez/Krabbe/Thomsen, 2009, S. 148). Dabei sollte jede Frage gleichzeitig auch an die Geschwisterkinder gerichtet sein, um allen Kindern gleichermaßen gerecht zu werden. Ansonsten erscheint eine Einbeziehung des Kindes auf dieser Stufe nur dann sinnvoll, wenn das Kind aufgrund seines Alters bereits Rechtsansprüche geltend machen kann (vgl.

Diez/Krabbe/Thomsen, 2009, S. 57). In der darauffolgenden Entscheidungsphase empfiehlt es sich, altersabhängig das Kind außen vor zu lassen. Älteren Kindern bzw. Jugendlichen erscheint es dagegen wichtig, die Eltern zum Notar zu begleiten oder die getroffene Vereinbarung mit zu unterschreiben. Die Unterschrift der Kinder ist zwar nicht rechtsbindend, erfüllt jedoch eine verstärkte Wirkung.

Auf der abschließenden fünften Stufe werden die gesammelten Ergebnisse der Mediation in eine endgültige Form gebracht (vgl. Diez/Krabbe/Thomsen, 2009, S. 60 f.). Hierbei wird das Kind nur dann einbezogen, wenn es aufgrund seines Alters eine eigene Rechtsposition innehat. Oftmals möchten aber gerade jüngere Kinder aus rituellen Gründen ihre Unterschrift unter die Vereinbarung setzen, obwohl sie rechtlich bedeutungslos ist. Nicht selten erinnern Kinder ihre Eltern später, bei einem eventuell erneut aufflammenden Konflikt, an die getroffenen Vereinbarungen.

Mit dem Ende des Mediationsprozesses erscheint gerade für das Kind ein Abschiedsritual als wichtig. Es vermittelt ihm ein Gefühl von Sicherheit und Vertrauen in eine Zukunft mit seinen getrennt lebenden Eltern und hilft ihm, den Übergang besser zu bewältigen.

8.3 Mediation bei Gewalt in der Familie

8.3.1 Beziehungsgewalt

Da grundsätzlich nicht davon auszugehen ist, eine Familienmediation bei einer Beziehungsgewalt auszuschließen, sind dementsprechend besondere Verfahren zur Vorbereitung des Mediationsverfahrens notwendig (vgl. Gläßer, 2008, S. 356 ff). Hierbei sollte eine Mediation u. a. das Ziel erfüllen, das Gewaltpotenzial sowie die Risiken von häuslicher Gewalt zu reduzieren. Es liegt in der Verantwortung des Mediators, auf eine bestmögliche Sicherheit der gewalterfahrenen Parteien zu achten und der gewalttätigen Partei ihr Unrechtsverhalten zu verdeutlichen. Dabei ist „von einer grundsätzlichen Veränderungsfähigkeit der Beteiligten auszugehen" (Gläßer, 2008, S. 356). Ist die Beziehungsgewalt bereits vor der Mediation bekannt, kann der Mediator entsprechende Vorkehrungen zur Vorbereitung auf das Verfahren treffen. Zusätzlich ist der Gewaltbetroffene auf die Vorteile als auch auf die Risiken einer Mediation hinzuweisen (vgl. Gläßer, 2008, S. 499). Es sollte dem Opfer auch die Option aufgezeigt werden, dass die Mediation jederzeit unter- oder abgebrochen werden kann. Insbesondere wenn der Wunsch nach Beratung- oder Bedenkzeit besteht oder der Druck durch den gewalttätigen Partner nicht standgehalten werden kann, sollte das Opfer von diesen Optionen Gebrauch machen können (vgl.

Gläßer, 2008, S. 418 f.). Dabei sollte das Mediationsverfahren nach Möglichkeit von einem gemischtgeschlechtlichen Mediatorenteam durchgeführt werden, welches wünschenswerterweise über juristische als auch psychologische Kompetenzen verfügt. Auch für die Mediatoren stellt eine Co-Mediation eine Erleichterung dar, da sie zum einen ihrer Aufgabe allparteilich sein zu müssen nachkommen und gleichzeitig der schwächeren Partei die nötige Unterstützung zukommen lassen können. Erfahrungsgemäß fällt es einer Frau leichter, sich einer anderen Frau mitzuteilen, ebenso umgekehrt, es einem Mann leichter fällt, sich einem Mann zu öffnen (vgl. Gläßer, 2008, S. 412). So kann auch das jeweilige Rollenbild verdeutlicht bzw. klargestellt werden. Allerdings kann eine Mediation nur dann wahrgenommen werden, wenn das Opfer zu einem Mindestmaß an Selbstbestimmung in der Lage ist. Lediglich bei Bekanntwerden einer Suchterkrankung sollte eine Mediation abgebrochen werden (vgl. Gläßer, 2008, S. 356).

8.3.2 Einbeziehung von Kindern

Konnte der Mediator aufgrund eines Screenings eine Beziehungsgewalt eruieren, kann eine Mediation mit Einbeziehung der Kinder unter bestimmten Bedingungen stattfinden (vgl. Gläßer, 2008, S. 465 f.). Da die betroffenen Kinder einen Teil des Konfliktsystems bilden, sollten sie mit einbezogen werden, um den Eltern bewusst zu machen, wie stark ihr Kind unter dem Gewalteinfluss leidet. Je nach Alter des Kindes, kann es zum einen die Gewaltproblematik aus seiner Sicht darstellen und zum anderen aktiv Vorschläge zur Sicherheitsplanung unterbreiten. So erhält auch der Mediator einen weiteren Eindruck, inwieweit das betroffene Kind selber hilfebedürftig ist. Von einer Einbeziehung des Kindes ist abzuraten, wenn die Gefahr einer Überforderung, Instrumentalisierung oder einer Verantwortungsverschiebung besteht (vgl. Gläßer, 2008, S. 465 f.). Zwar liegen diese Faktoren oftmals ohnehin bei einer Trennungs- und Scheidungssituation vor, in denen es um Aufenthalts-, Sorge- und Umgangsregelungen geht, jedoch werden sie bei einem Gewalthintergrund zusätzlich aufgrund von Loyalitätskonflikten und den Auswirkungen der Gewalt sowie möglichen Traumafolgen verschärft. Aber nicht nur die Mediationsfähigkeit des Kindes beeinflusst die Mediation, sondern auch die Tatsache, dass Eltern sich durch die Anwesenheit ihres Kindes gehemmt fühlen, überhaupt über ihre Gewalterfahrungen, Gefühle und Bedürfnisse zu sprechen. Ob also eine Einbeziehung des Kindes eher be- oder entlastend wirkt, ist somit einzelfallabhängig (vgl. Gläßer, 2008, S. 465 f.). Deshalb sollte mit den Eltern auch hier abgeklärt werden, ob und in welchem Umfang das Kind mit einbezogen werden sollte. Entscheiden sich die Eltern für eine Einbeziehung ihrer Kinder, sollte vonseiten des

Mediators mit jedem Kind ein Einzelgespräch geführt werden, um abzuklären, ob die Voraussetzungen und Bereitschaft für das Mitwirken an einer Mediation vorhanden ist. Sollte dies der Fall sein, kann mit allen Beteiligten erarbeitet werden, an welcher Stelle der Mediation das Kind mit einbezogen werden soll. Ebenso kann das Kind mit einer Unterstützungsperson am Verfahren teilnehmen oder seine Belange über ihn übermitteln lassen (vgl. Gläßer, 2008, S. 466). Aufgrund der gravierenden Auswirkungen einer Beziehungsgewalt auf das Kind ist eine sorgfältige Abwägung vorzunehmen. Sollten Zweifel an einer Einbeziehung des Kindes bestehen, sollte von einer Einbeziehung Abstand genommen werden (vgl. Gläßer, 2008, S. 466).

Insbesondere bei Anwendung des Gewaltschutzgesetzes (GewSchG) erscheint eine Mediation ebenso ausgeschlossen wie bei einer Gefährdung des Kindeswohls (§§ 1666, 1666a BGB) (vgl. Gläßer, 2008, S. 334).

8.4 Das themenzentrierte Kinder-Interview

Das Kinder-Interview stellt eine Intervention dar, die in die Trennungs- und Scheidungsmediation einbezogen wird, sich jedoch explizit auf die Belange des Kindes konzentriert (vgl. Bernhardt 2013, S. 213 f.). Dabei sollen Kinder-Interviewer und Mediator zwei unterschiedliche Personen sein, um die jeweiligen Interessen ohne einen etwaigen Interessenkonflikt vertreten zu können. Erst nach dem Kinder-Interview und seiner Auswertung erhalten die Eltern und deren Mediator eine Rückmeldung über die Informationen, die vorab vom Kind freigegeben wurden. Damit soll gewährleistet sein, dass das Kind sich sicher fühlen kann und nur soweit aktiv am Familiengeschehen beteiligt wird, wie es dies selber wünscht. Den Eltern kann dabei jederzeit eine entwicklungspsychologische Diagnose übermittelt werden.

Im Kinder-Interview soll das Kind sich sicher fühlen und die Möglichkeit erhalten, seine Ängste, Fragen, Sichtweise und Wünsche zum Ausdruck zu bringen (vgl. Bernhardt 2013, S. 217 ff.). Hierbei weist Bernhardt auf fünf Besonderheiten hin: 1. Vor der Abklärung über die Vorstellungen des Kindes sollte das Kind nach den Vorstellungen des Vaters bzw. der Mutter befragt werden, um einem manipulierten Willen vorzubeugen. 2. Wenn das Kind seine Vorstellung äußert, sollte es danach gefragt werden, was es glaubt, wie seine Eltern bzw. Geschwister darauf reagieren würden. Aufgrund seiner sozial-kognitiven Fähigkeit ist das Kind in der Lage, die Wirkung seiner Vorstellung auf andere Familienmitglieder zu übertragen und somit einen eventuellen Loyalitätskonflikt aufzudecken. 3. Es empfiehlt sich, auch die Zweit- und Drittwünsche des Kindes zu eruieren. 4. Die Frage, welchen Rat das

Kind anderen Kindern in seiner Situation erteilen würde, stützt Bernhardt auf verschiedene Forschungsergebnisse, die besagen, dass instrumentalisierte Kinder versuchen, ihre eigenen Vorstellungen nicht preiszugeben bzw. sich im Nachhinein schuldig fühlen, eine Auskunft über ihre Vorstellung erteilt zu haben (vgl. Bernhardt 2013, S. 219 f.). Deshalb sollten Klärungsfragen zur Rückversicherung zum Repertoire des Interviewers zählen. 5. An dieser Stelle entscheidet das Kind, welche Informationen an die Eltern und deren Mediator weitergeleitet werden dürfen. Allerdings empfiehlt es sich für den Interviewer zu eruieren, weshalb bestimmte Informationen nicht weitergeleitet werden dürfen.

Gemeinsam mit dem Kinder-Interviewer sollen anschließend die folgenden acht Fragen beantwortet werden (vgl. Bernhardt 2013, S. 221 f.). 1. Wie nimmt das Kind die elterlichen Konflikte wahr? 2. Wie erlebt es die Eltern-Kind-Beziehung? 3. Welchen Belastungen und entwicklungspsychologischem Stress ist es dabei ausgesetzt? 4. Was ist der ursächliche Konflikt des Kindes? 5. Welche Vorstellungen hat das Kind von der Umgangsregelung? 6. Sieht das Kind eine Hoffnung für die Zukunft und wie sieht sie aus?   7. Welche entwicklungspsychologischen Bedürfnisse müssen bei der Konfliktlösung besonders beachtet werden? 8. Auf welche inneren und äußeren Ressourcen kann das Kind zurückgreifen?

Das Ziel, die Eltern in die Lage zu versetzen ihren Standpunkt von dem des Kindes zu unterscheiden und dabei befähigt zu werden, die Bedürfnisse ihres Kindes zu erkennen, hat sich laut Bernhardt auch empirisch bestätigt (vgl. Bernhardt 2013, S. 227 f.). So kann eine deutlich geringere juristische Intervention sowie eine Stabilisierung verzeichnet werden.

Empirisch erprobte Befunde beweisen zudem, dass Eltern, die an einer Mediation mit einem integrierten Kinder-Interview teilnahmen, letztendlich tragfähige Regelungen zur elterlichen Sorge- und Umgangsregelung fanden, mit denen auch ihre Kinder langfristig zufrieden gewesen sind und zudem besser in die Lage versetzt wurden, spätere Konflikte selbstständig zu lösen (vgl. Bernhardt, 2013, S. 226). Eltern, die an einer Mediation ohne Kinder-Interview teilnahmen, berichteten dagegen, dass die Mediation für sie langfristig nicht hilfreich gewesen sei. Wogegen die Kinder, die an einem Kinder-Interview teilgenommen hatten, berichteten, dass sie trotz ihrer hochkonfliktären Eltern sich wesentlich schneller von deren Konflikten generieren konnten (vgl. Bernhardt, 2013, S. 226 f.). So wiesen ca. ein Drittel der Kinder bei Eintritt in die Mediation eine klinische Auffälligkeit auf, die vier Jahre später signifikant auf ca. 20 Prozent reduziert werden konnte (vgl. Bernhardt, 2013, S. 227). Zudem erhielten diese Kinder bessere Beurteilungen als die Kinder

der Vergleichsgruppe, in Bezug auf ihr Sozialverhalten sowie externalisierten Auffälligkeiten. Ebenso konnte eine geringere Quote der Rückkehr in die Mediation verzeichnet werden.

8.5 Mediation bei binationalen Kindschaftskonflikten

Aufgrund des Anstiegs von Trennungen und Scheidungen und dem daraus resultierenden Anstieg von nationalen als auch binationalen Kindschaftskonflikten (vgl. Paul/Kiesewetter, 2009, S. V) stellt sich für Mediatoren zwangsläufig die Frage, ob die Mediation sich unter der Beteiligung von unterschiedlichen Kulturen verändert (vgl. Kriegel, 2009, S. 91). Da derzeit kein einheitliches interkulturelles Mediationsmodell existiert, kann lediglich auf eine wissenschaftliche Begleitforschung eines dreijährigen deutsch-französischen Modellprojektes zurückgegriffen werden (vgl. Carl/Alles, 2009, S. 117).

Ein besonderes Augenmerk der Interkulturellen Mediation ist auf den von den Medianden wahrgenommenen kulturellen Unterschied zu richten (vgl. Kriegel, 2009, S. 93). So sind neben der persönlichen und sozialen Norm, insbesondere die kulturell internalisierten Normen zu berücksichtigen. Anhand dieser Normen reagiert der Mensch bei nicht erklärbarem Verhalten seines Gegenübers mit Irritation bzw. legt ein noch tolerierbares Verhalten individuell fest. Hierbei wird zwischen den sogenannten expliziten und impliziten Dimensionen unterschieden (vgl. Kriegel, 2009, S. 93 ff.).

Unter expliziten Dimensionen werden die offensichtlichen Kriterien der interkulturellen Mediation verstanden, wie beispielsweise Unterschiede zwischen Gesetzen, Verfahrensabläufen und kulturspezifischen Familienmodellen. Den prägnantesten Unterschied bildet hierbei die Sprache.

Demgegenüber werden unter impliziten Dimensionen die indirekten Kriterien verstanden, wie z. B. Kommunikationsregeln, Bedeutungsinhalte und Stereotypisierungen. Dabei sind die Kommunikationsregeln der jeweils anderen Kultur nicht eindeutig zu entschlüsseln und bergen somit die Gefahr einer gegenseitigen negativen Haltung. Der eigentliche Konflikt bleibt unbearbeitet und droht somit zu eskalieren. Auch Bedeutungsinhalte können unterschiedlich interpretiert werden. Während beispielsweise unter der Bedeutung „Konzept" im Deutschen eine ausführliche Ausarbeitung verstanden- und mit der Assoziation fleißig verbunden wird, bedeutet das gleiche Wort im Französischem (le projet) eine lose Sammlung von Ideen und wird mit dem Adverb/Adjektiv faul assoziiert (vgl. Kriegel, 2009, S. 98).

Auch die Gesprächsverläufe unterliegen kulturspezifischen Aspekten. So kann beispielsweise der Übergang von einer Gesprächsphase in die nächste als unangemessen eingestuft werden. Auch das Unterbrechen eines Sprechers mitten im Satz wird in der deutschen Kultur als unhöflich empfunden, während es im französischen Kulturraum eher als Zustimmung bzw. Verständnis gewertet wird (vgl. Kriegel, 2009, S. 98 f.). Eine besondere Beachtung finden in diesem Kontext die sogenannten direkten bzw. indirekten Botschaften. Da deutsche Gesprächspartner einen eher direkten Redestil anwenden, der von fremdkulturellen Gesprächspartnern als frustrierend empfunden werden kann und zu einem Rückzug animiert, verwenden beispielsweise französische Gesprächspartner einen eher indirekten Redestil. Hierbei besteht oftmals die Gefahr, dass eine Ablehnung vom deutschen Gegenüber nicht unbedingt als solche verstanden wird. Ebenso kann die Metakommunikation bei fremdkulturellen Gesprächspartnern als ein Gesichtsverlust empfunden werden, weshalb der Mediationsprozess ständig zu reflektieren ist. Eine weitere implizite Dimension bilden die Stereotypisierungen, da sie unbewusst Denkprozesse steuern. Oftmals wird so die kulturelle Herkunft des Gegenübers für den Konflikt verantwortlich gemacht. Aufgrund dieser Komplexität läuft auch der Mediator Gefahr, auf diese Erklärungsmuster zurückzugreifen, um die Situation für sich einordnen zu können (vgl. Kriegel, 2009, S. 100). Somit steht der Mediator vor der Herausforderung, zum einen seine Medianden als individuelle Konfliktpartner zu sehen und zum anderen sensibel und flexibel auf die kulturellen Unterschiede zu reagieren.

Die Interkulturelle Mediation bietet im Gegensatz zur nationalen Mediation gravierende Unterschiede (vgl. Kriegel, 2009, S. 101 f.). Ich-Botschaften nehmen die Interessen und Bedürfnisse des Einzelnen ins Visier, scheitern aber in Gesellschaften, in denen das Individuum nicht gesellschaftlich legitimiert betrachtet wird. Hiervon ist ebenfalls die Kommunikationstechnik wie beispielsweise Spiegeln oder Doppeln sowie die Metakommunikation betroffen. Sie verlieren im interkulturellen Kontext ihren eigentlichen Nutzen und können sich sogar als blockierend erweisen. Vorsicht ist insbesondere bei der Entschlüsselung der nonverbalen Botschaften wie Nicken, Augenkontakt etc. geboten. Zudem darf in einigen Kulturen die Körpersemantik nur nonverbal ausgedrückt werden, da eine Verbalisierung einen Tabubruch zur Folge hätte. Auch die Nutzung von technischen Hilfsmitteln, wie beispielsweise ein Flipchart, kann ein Erstaunen hervorrufen. Zudem sollte die Mediation auch Themen wie Rassismus, Benachteiligung und ungleiche Machtverteilung behandeln. Der Aspekt der Allparteilichkeit ist bereits vor der Mediation einzulösen. So sollte sich das Angebot der Mediation nicht allein an den in Deutschland geltenden Werten orientieren, sondern auch die Werte der anderen Kultur in Betracht ziehen. An dieser Stelle soll explizit darauf hingewiesen werden, dass Menschen in Stresssituationen grundsätzlich auf eine Prägung ihrer Primärsozialisierung zurückgreifen (vgl. Kriegel, 2009, S. 103).

9 Formelles Verfahren vs. Mediation

Eine Konfliktbehandlung kann über zwei Zugänge erfolgen: 1. über ein normgebundenes bzw. formelles Verfahren oder 2. einem normgelösten bzw. außergerichtlichem Verfahren (vgl. Dettenborn/Walter, 2016, S. 133).

Bei einem formellen Verfahren erfolgt ein Eingriff in den Konflikt über einen Richter bzw. aufgrund eines Gesetzes, wie beispielsweise die Vorgabe, gemäß § 156 FamFG auf ein Einvernehmen hinzuwirken (vgl. Dettenborn/Walter, 2016, S. 133). Zudem ist das formelle Verfahren an rechtliche Normen gebunden und orientiert sich an Urteilen bzw. Beschlüssen (vgl. Dettenborn/Walter, 2016, S. 136 f.). Ein wichtiges Kriterium des formellen Verfahrens im Gegensatz zur Mediation bildet das Autoritäts- bzw. Machtgefälle des entscheidungsbefugten Richters. So müssen die Konfliktparteien befürchten, dass sich ihre Aussagen u. U. negativ auf ihre Vorstellungen auswirken.

Demgegenüber steht das normgelöste bzw. außergerichtliche Verfahren wie die Mediation. Im Gegensatz zum formellen Verfahren findet eine Mediation auf einer freiwilligen Basis statt (vgl. Dettenborn/Walter, 2016, S. 136 f.). Das Recht bildet lediglich die Rahmenbedingung und setzt auf eine Kooperation aller Beteiligten unter Anwendung einer konstruktiven Verhandlungstechnik und Einbeziehung eines neutralen Dritten, dem Mediator, ohne dass dieser jedoch den Konflikt entscheidet (vgl. Dettenborn/Walter, 2016, S 133 ff.). Demzufolge ist ein Wandel von einer bloßen juristischen Sicht auf eine erweiterte Sicht, die die Bedürfnisse des Einzelnen einschließt, erkennbar (vgl. Dettenborn/Walter, 2016, S 134 f.). Dieses informelle Verfahren ist auf ein vermittelndes Denken abgestellt, welches auf die jeweiligen Bedürfnisse der Beteiligten eingeht, um so eine dauerhafte Lösung herbeizuführen (vgl. Dettenborn/Walter, 2016, S. 135). Dabei können die Beteiligten zu jedem Zeitpunkt und in jeder Phase der Mediation in das formelle Verfahren überwechseln. Dieser Wechsel gewinnt auch für die Gesetzgebung als auch die Rechtssprechung zunehmend an Bedeutung (vgl. Dettenborn/Walter, 2016, S. 135). Aufgrund des § 156 Abs. 1 FamFG gibt die Gesetzgebung dem Richter vor, dass er auf Beratungsstellen oder die Mediation hinweisen soll bzw. eine Teilnahme an einer entsprechenden Beratung anordnen kann.

Als Grund für einen Paradigmenwechsel von einer rechtsnormfixierten Sichtweise hin zur rechtsnormgelösten werden Gründe wie eine Entlastung der Familiengerichte angeführt sowie die Erkenntnis, dass ein familiärer Streit sich nicht mit bloßer juristischer Logik zufriedenstellend klären lässt (vgl. Dettenborn/Walter, 2016,

S. 135). Eine bloße Reduzierung eines Streites auf Ansprüche, Pflichten und Rechte stellt lediglich eine Konfliktbearbeitung auf der Sachebene dar, ohne dabei die Beziehungsebene der Konfliktpartner zu berücksichtigen. Ohne die Berücksichtigung der Beziehungsebene erscheint eine einvernehmliche Klärung auf der Sachebene jedoch wenig erfolgsversprechend. Hierbei stellt eine fachgerechte Mediation nicht nur Spezialkompetenzen zur Verfügung, sondern erkennt auch ihre Grenzen (vgl. Dettenborn/Walter, 2016, S. 137). Und schließlich setzt die moderne Gesellschaft auf eine Streitkultur, die die Autonomie sowie die Interessen und Lebensstile des Einzelnen berücksichtigt. Menschen sollen sich frei entfalten können, wobei die staatlichen Eingriffe möglichst gering gehalten werden sollen (vgl. Dettenborn/Walter, 2016, S. 136).

Dem wird die Mediation gerecht.

10 Die zukünftige Entwicklung der Mediation

Als Reaktion auf eine mangelnde Schlichtungskultur in Deutschland trat am 26. Juli 2012 das Gesetz zur Förderung der Mediation und anderer Verfahren der außergerichtlichen Konfliktbeilegung in Kraft (vgl. Bamberg, 2016, S. 241 f.). Die Vorreiterrolle für die Etablierung des Mediationsgesetzes hatten zuvor gerichtsinterne Mediationen übernommen. Nun ist der Eindruck entstanden, dass das Potenzial für das Mediationsgesetz nicht ausgeschöpft worden sei und es bislang immer noch zu wenig Mediation an den Gerichten gäbe. Dabei hatte der Gesetzgeber erwartet, dass insbesondere an den Familiengerichten die Mediation verstärkt eingesetzt worden wäre, was nicht der Fall ist. Erste Erhebungen im Juli 2015 zeigten eine gewisse Zurückhaltung, die sowohl länder- als auch regionsabhängig war.

Um dem Bundestag im Sommer 2017 die Auswirkungen des Mediationsgesetzes auf die Entwicklung der Mediation und die Situation in Aus- und Fortbildung der Mediatoren berichten zu können, evaluiert das Bundesministerium für Justiz und für Verbraucherschutz (BMJV) derzeit das Mediationsgesetz (vgl. Jeck, 2016 164 f.). Deshalb führte die Rechtsanwaltskammer Düsseldorf eine Umfrage durch, die jedoch aufgrund mangelnder Rückmeldungen keine repräsentative Auswertung zulässt, jedoch das folgende Bild zeichnet:

Eine kritische Würdigung der Ergebnisse zeigt, dass eine Einschätzung der Auswirkungen des Mediationsgesetzes schwierig erscheint und die weitere Entwicklung zu wünschen übrig lässt. Hierbei sieht die Mehrheit der Befragten die Entwicklung eher kritisch und setzt darauf, dass der Gesetzgeber aufgrund der durchgeführten Evaluation entsprechende Maßnahmen ergreifen wird, um die Mediation zu einer attraktiven Alternative der Konfliktbewältigung bekannt zu machen. Hierbei gilt es die Fälle zu identifizieren, in denen eine Mediation sinnvoll erscheint. Zudem sollte durch eine Mediation Rechtsschutz, Rechtsdurchsetzung und Rechtsentwicklung nicht negativ beeinträchtigt werden.

Als Hauptursache für eine mangelnde Nutzung dürfte jedoch der geringe Bekanntheitsgrad der Mediation sein (vgl. Bamberger, 2016, S. 242). Deshalb sollte es die Aufgabe der Politik als auch der Justiz sein, verstärkt auf sie aufmerksam zu machen. Für Bürger und Justiz wäre es begrüßenswert, wenn die Mediation sich zukünftig als ein Streitschlichtungsangebot etablieren könnte.

11 Zusammenfassung und Ausblick

11.1 Zusammenfassung

Aufgrund des Mediationsgesetzes wurden nicht nur Anreize für eine Mediation geschaffen, sondern sie ist auch als einziges außergerichtliches Streitschlichtungsverfahren rechtlich verankert (vgl. Haaß, 2016, S. 190). Ihr Ziel ist eine für alle Beteiligten gewinnbringende konsensorientierte Konfliktbeilegung.

Vor dem Hintergrund einer stetig ansteigenden Zahl von Trennungen und Scheidungen hat sich die heutige Familienmediation zunehmend auf sogenannte Eltern-Kind-Gemeinschaften, aber auch auf eine Beziehungsgewalt sowie interkulturelle Aspekte zu konzentrieren. Gründe für den Wandel stellen die zunehmend individuell gestalteten Beziehungsformen dar.

Das Recht hat auf diesen gesellschaftlichen Wandel reagiert, indem es aufgrund des KindRG auf konfliktvermeidende sowie konfliktlösende Elemente setzt. Im Rahmen eines Hinwirkens auf Einvernehmen (§ 156 FamFG) unterstützt das Familiengericht die Eltern, eine eigenverantwortliche Konfliktlösung zu finden mit dem Ziel, an die elterliche Verantwortung in Sorge- und Umgangsstreitigkeiten zu appellieren. Dabei ist die elterliche Sorge auf das Wohl des Kindes ausgerichtet und soll durch das Getrenntleben der Eltern im Falle einer Trennung bzw. Scheidung nicht aufgehoben werden (vgl. Schwab, 2016, S. 247).

Aufgrund des KindRG haben sich die Streitigkeiten um das Sorgerecht auf das Umgangsrecht verlagert, weshalb Eltern darüber streiten, bei wem das Kind zukünftig leben soll und wie der Umgang zu gestalten ist. Der Umgang wird dazu missbraucht, bestehende Feindseligkeiten zwischen den Eltern auszufechten. Das Kindeswohl wird somit für die Elterninteressen missbraucht und das Kind Opfer von tief greifenden elterlichen Feindseligkeiten. Im Falle widerrechtlich verbrachter oder zurückgehaltener Kinder im Heimatland eines Elternteils findet das Haagener Übereinkommen seine Anwendung. Um jedoch einer Ausbreitung des Konflikts vorzubeugen, ist das Verfahren vorrangig und beschleunigt durchzuführen. Dabei dienen die vorgestellten Gesetze und Abkommen dem Schutz des Kindes. Um die Eltern angemessen bei der Lösung ihrer familiären Konflikte zu unterstützen, haben sie einen Anspruch auf Beratung und Unterstützung, wobei eine angemessene Beteiligung des Kindes bzw. Jugendlichen angestrebt wird.

Dabei sind die Folgen einer Trennung bzw. Scheidung für die Beteiligten mit hohen psychischen Belastungen, einer eingeschränkten Eltern-Kind-Beziehung und einer mangelnden Bindungsqualität verbunden. Die Auswirkungen einer häuslichen Gewalt nehmen einen weiteren gravierenden Einfluss. Hieraus resultiert die Herausforderung an die Mediation die Kindeseltern wieder zu befähigen, ihre ursächlichen Paarprobleme von der Elternebene zu unterscheiden.

Bei einem ansteigenden Konfliktniveau ist eine Reduzierung der Kooperation und der sozialen Kompetenzen zu beobachten, wobei die Wahrnehmung für das Kind mit seinen Bedürfnissen schwindet. Da die Mediation darauf abzielt, die Interessen und Bedürfnisse hinter den Streitthemen zu eruieren und die Beteiligten bei der Suche nach einer einvernehmlichen Lösung zu unterstützen, wurde durch das Mediationsgesetz eine verbindliche Grundlage geschaffen. Allerdings stoßen Hochkonfliktfamilien an ihre Grenzen, wenn die explizit formulierten Abbruchkriterien, wie mangelnde Fairness und Offenheit, Gewaltandrohung und Machtungleichgewicht erkennbar werden (vgl. Dettenborn/Walter, 2016, S. 157). Bleiben diese Kriterien unentdeckt, besteht die Gefahr, dass die Mediation ins Leere läuft bzw. lediglich zu Kurzzeiteffekten führt.

Zu den besonderen Konflikten in der Familienmediation zählt neben misslungenen Sorgerechts- als auch Umgangsregelungen eine Beziehungsgewalt. Dabei steht der Mediator oftmals vor der Herausforderung, eine Beziehungsgewalt zu erkennen. Ist sie vor der Mediation bekannt, hat er entsprechende Vorkehrungen zu treffen. Da sie jedoch oftmals erst im Laufe des Verfahrens offenkundig wird, sollte bei jeder Familienmediation ein sogenanntes Screening durchgeführt werden, wobei der Mediator seinen Blick auch gezielt auf die nonverbale Kommunikation richten sollte. Zudem bietet eine Co-Mediation eine verfeinerte Variante, eine Gewaltbeziehung aufzudecken.

Eine weitere besondere Herausforderung stellen die binationalen Kindschaftskonflikte dar. Die am Verfahren beteiligten Professionen laufen hierbei Gefahr, den Konflikt anhand ihrer kulturell geprägten Sicht wahrzunehmen, ohne dabei die Sichtweise des aus dem anderen Kulturkreis stammenden Elternteils einnehmen zu können, weshalb der Konflikt letztendlich unbearbeitet bleibt. Vor diesem Hintergrund sind interkulturelle Kompetenzen in der Mediation gefordert.

Aufgrund dieser komplexen Herausforderungen setzt insbesondere die Mediation auf eine eigenverantwortliche Erzielung einer einvernehmlichen Lösung bei der Neuorganisierung der Beziehung nach erfolgter Trennung bzw. Scheidung. Eine typische Familienmediation unter Einbeziehung der Interessen und Bedürfnisse der Kinder bietet besondere Vorzüge, wobei der Mediator dafür Sorge zu tragen hat, dass es zu keinem Zeitpunkt zu einer Verantwortungsverlagerung oder Überforderung des Kindes kommt.

Eine Familienmediation bei einer Beziehungsgewalt hat zum Ziel, das Gewaltpotenzial sowie die Risiken von häuslicher Gewalt zu reduzieren. Da die betroffenen Kinder einen Teil des Konfliktsystems bilden, sollten sie mit einbezogen werden, um den Eltern bewusst zu machen, wie stark das Kind unter dem Gewalteinfluss leidet, indem das Kind seine Sicht darstellt. So erhält der Mediator einen Eindruck, inwieweit das betroffene Kind hilfebedürftig ist. Im Falle eines Mangels an Selbstbestimmung, einer Suchterkrankung, einer Anwendung des Gewaltschutzgesetzes sowie einer Gefährdung des Kindeswohls erscheint eine Mediation jedoch ausgeschlossen.

Das themenzentrierte Kinder-Interview stellt eine besondere Intervention dar, die in die Trennungs- und Scheidungsmediation einbezogen wird und sich explizit auf die Belange des Kindes konzentriert (vgl. Bernhardt, 2013, S. 213). Dabei hat sich das Ziel, die Eltern in die Lage zu versetzen ihren Standpunkt von dem des Kindes zu unterscheiden und dabei die Bedürfnisse des Kindes zu erkennen, auch empirisch bestätigt (vgl. Bernhardt, 2013, S. 227).

Bei einer Interkulturellen Mediation sind die Kommunikationsregeln der jeweils anderen Kultur nicht immer eindeutig zu entschlüsseln und bergen somit die Gefahr, dass der Konflikt letztendlich unbearbeitet bleibt. Die Interkulturelle Mediation bietet im Gegensatz zur nationalen Mediation gravierende Unterschiede, weshalb interkulturelle Kompetenzen in der heutigen Familienmediation unabdingbar sind.

Eine Konfliktbehandlung kann durch ein formelles Verfahren oder einem außergerichtlichen Verfahren, wie die Mediation, erfolgen. Die Mediation ist auf ein vermittelndes Denken abgestellt, das auf die jeweiligen Bedürfnisse der Beteiligten eingeht, um so eine dauerhafte Lösung herbeizuführen. Hierzu stellt sie Spezialkompetenzen zur Verfügung. Sie entlastet die Familiengerichte und wird zudem der Streitkultur einer modernen Gesellschaft gerecht, die die Autonomie sowie Interessen und Lebensstile des Einzelnen berücksichtigt.

11.2 Ausblick

Obwohl sich die Mediation als ein bewährtes Streitbeilegungsverfahren etabliert hat, wird sie nur zögerlich angenommen (vgl. Haaß, 2016, S. 207 f.). Immer noch geben die Konfliktbeteiligten dem formellen Verfahren den Vorzug. Als Grund dürfte eine mangelnde Verbreitung der Mediation als Konfliktlösungsverfahren gelten.

Dabei bietet die Mediation viele Vorzüge, insbesondere im Hinblick auf eine Beziehungsgewalt oder bei einer Interkulturellen Mediation. Sie bietet nicht nur eine passgenaue Unterstützung der Konfliktbeteiligten, sondern nimmt zusätzlich die betroffenen Kinder in den Blick.

Dennoch führt sie immer noch ein Schattendasein, da sie vielen Familien nicht bekannt ist. Hier müsste mehr Öffentlichkeitsarbeit in den Jugendämtern, Beratungsstellen und Familiengerichten betrieben werden.

Auch die Politik ist dazu aufgerufen, die Mediation als Streitschlichtungsverfahren bekannt zu machen. Ebenso sollte sie eine Mediationskostenhilfe installieren, da diese bislang fehlt (vgl. Mähler/Mähler, 2016, S. 698 f.). So sollte aufgrund rechtsstaatlicher Qualitätsanforderungen Verfahren jenen Personen zugänglich sein, die sie in Anspruch nehmen möchten. Ebenso sollte eine Mediation in den Förderrichtlinien für Beratungsstellen aufgenommen sowie Finanzierungskonzepte für psychosoziale Berufsgruppen erstellt werden. Da sich die Mediation insbesondere bei familiären Konflikten als eine geeignete Methode erweist, sollte sie als Hilfe zur Erziehung gemäß §§ 27 ff SGB VIII verankert werden (vgl. Mähler/Mähler, 2016, S. 699). Dazu müssten Veröffentlichungen über die Auswirkung der Mediation im Vergleich zum formellen Verfahren erfolgen, um eine Transparenz zu schaffen.

Es bleibt die Reaktion des Bundestages abzuwarten.

12 Literaturverzeichnis

Bamberger, Heinz Georg, Mediation und Justiz, in: Handbuch Mediation, 2016, S. 225 – 247.

Bernhardt, H., Das themenzentrierte Kinder-Interview als Intervention bei hoch konflikthafter Scheidung, in: Beratung von Hochkonflikt-Familien, 2013, S. 205 – 231.

Bundesministerium der Justiz und für Verbraucherschutz, Das Kindschaftsrecht, Berlin, 2014.

Carl, E./Alles, S., Das deutsch-französische Modellprojekt professioneller

Mediation - Entwicklung, Evaluation und Perspektiven, in: Mediation bei internationalen Kindschaftskonflikten, 2009, S. 117 – 124.

Dettenborn, H./Walter, E., Familienrechtspsychologie, 3. Aufl., München 2016.

Dietrich, P./Fichtner, J./Halatcheva, M./Hermann, U./Sander, E/Weber, M., Arbeit mit hochkonflikthaften Trennungs- und Scheidungsfamilien: Eine Handreichung für die Praxis, München, 2010.

Diez, Hannelore, Der erweiterte Begriff der Familienmediation, in: ZKM – Zeitschrift für Konfliktmanagement, 2001, S. 27 – 28, 01.2001.

Diez, H./Krabbe, H./Thomsen, C., Familien-Mediation und Kinder, 3. Aufl., Köln, 2009.

Gläßer, U., Mediation und Beziehungsgewalt, Baden-Baden, 2008.

Grabow, M., Die familiengerichtliche Kindesanhörung im Beratungskontext, in: Beratung von Hochkonflikt-Familien, 2013, S. 179 – 185.

Haaß, St., Mediation und Justiz, in: Handbuch Mediation, 2016, S. 187 – 208.

Jeck, T., Das aktuelle Thema. Untersuchung der Entwicklung der Mediation, in: KammerMitteilungen, 2016, S. 164 – 165, 30.09.2016.

Kriegel, K., Interkulturelle Aspekte und ihre Bedeutung in der Mediation, in: Mediation bei internationalen Kindschaftskonflikten, 2009, S. 91 – 103.

Lamnek, S., Theorien abweichenden Verhaltens I. „Klassische" Ansätze, 8. Aufl., Paderborn, 2007.

Loschky, A./Koch, A., Kinder aus getrennt lebenden Familien. Was müssen sie bewältigen? in: Beratung von Hochkonflikt-Familien, 2013, S. 165 – 178.

Mähler, G./Mähler, H.-G., Familienmediation, in: Handbuch Mediation, 2016, S. 669 – 706.

Nehls, K., Rechtliche Grundlagen bei internationalen Kindesentführungen sowie bei internationalen Sorge- und Umgangsverfahren, in: Mediation bei internationalen Kindschaftskonflikten, 2009, S. 13 – 32.

Paul, Chr./Kiesewetter, S. Vorwort, in: Mediation bei internationalen Kindschaftskonflikten, 2009, S. V – VII.

Paul, Chr., Änderung des Gesetzes über das Verfahren in Familiensachen und in den Angelegenheiten der freiwilligen Gerichtsbarkeit, in: Mediationsgesetz, Handkommentar, 2014a, S. 341 – 365.

Paul, Chr., Familien- und Scheidungsmediation (inkl. grenzüberschreitender Aspekte, in: Mediationsgesetz, Handkommentar, 2014b, S. 511 – 521.

Peuckert, R., Familienformen im sozialen Wandel, 8. Aufl., Wiesbaden, 2012.

Schneewind, K., Sozialisation und Erziehung im Kontext der Familie, in: Entwicklungspsychologie, 2008, S. 117 – 146.

Schneewind, K., Familienpsychologie, 3. Aufl., Stuttgart, 2010.

Schwab, D., Familienrecht, 24. Aufl., München, 2016.

Schwartz, H., Andere Länder andere (Mediations-) Sitten – unterschiedliche Mediationsstile in internationalen Co-Mediationen, in: Mediation bei internationalen Kindschaftskonflikten, 2009, S. 105 – 116.

Struck, J., Beratung in Fragen der Partnerschaft, Trennung und Scheidung, in: SGB VIII, Kinder- und Jugendhilfe: Kommentar, 2015, S. 309 – 328.

Struck, J., Beratung und Unterstützung bei der Ausübung der Personensorge und des Umgangsrechts, in: SGB VIII, Kinder- und Jugendhilfe: Kommentar, 2015, S. 329 – 349.

Weber, M./Alberstötter, U./Schilling, H., Einleitung, in: Beratung von Hochkonflikt-Familien, 2013, S. 9 – 17.

Weber, M./Alberstötter, U./Schilling, H., Beratung von Hochkonflikt-Familien im Kontext des FamFG. Fachliche Standards, in: Beratung von Hochkonflikt-Familien, 2013, S. 432 – 450.